Capitu vem para o jantar

DENISE GODINHO

Capitu vem para o jantar
A delícia de cozinhar as receitas da literatura

1ª edição

Rio de Janeiro-RJ / Campinas-SP, 2016

VERUS
EDITORA

Editora executiva Raïssa Castro
Coordenação editorial Ana Paula Gomes
Edição Thiago Mlaker
Preparação Lígia Alves
Revisão Raquel de Sena Rodrigues Tersi
Direção de arte e projeto gráfico Diego Fernandes
Fotos das receitas Arquivo pessoal da autora
Foto da capa Rodrigo Fuzar (fotógrafo), May Midori e Lais Wada (produtoras)
Design da capa e arte-finalização André S. Tavares da Silva
Impressão LIS Gráfica

ISBN: 978-85-7686-504-9

Denise Godinho © 2016
Verus Editora © 2016

Direitos reservados em língua portuguesa, no Brasil, por Verus Editora. Nenhuma parte desta obra pode ser reproduzida ou transmitida por qualquer forma e/ou quaisquer meios (eletrônico ou mecânico, incluindo fotocópia e gravação) ou arquivada em qualquer sistema ou banco de dados sem permissão escrita da editora.

VERUS EDITORA LTDA.
Rua Benedicto Aristides Ribeiro, 41, Jd. Santa Genebra II, Campinas/SP, 13084-753
Fone/Fax: (19) 3249-0001
www.record.com.br

CIP-BRASIL. CATALOGAÇÃO NA FONTE
SINDICATO NACIONAL DOS EDITORES DE LIVROS, RJ

G53c

Godinho, Denise
    Capitu vem para o jantar : a delícia de cozinhar as receitas da literatura / Denise Godinho. - 1. ed. - Campinas, SP : Verus, 2016.
    il. ; 26 cm.

ISBN 978-85-7686-504-9

1. Culinária. 2. Culinária na literatura. I. Fernandes, Diego. II. Título.

16-36605   CDD: 641.5
                                                                                               CDU: 641.5

Revisado conforme o novo acordo ortográfico

Para Judith, que me fez gostar de histórias
Para Manoel, que me ensinou a contá-las
Para Elza, que se dispôs a ouvi-las

SUMÁRIO

Prólogo — 9
Arrumando a mesa para Capitu — 10

Lanchinhos para acompanhar a leitura

A cocada de *Dom Casmurro*, de Machado de Assis — 14
Os ovos benedict de Hunter S. Thompson — 17
A compota de maçã de *O morro dos ventos uivantes*, de Emily Brontë — 20
As lembas élficas de *O Senhor dos Anéis*, de J. R. R. Tolkien — 23
O bolinho de limão de *O grande Gatsby*, de F. Scott Fitzgerald — 26
Os tomates verdes fritos do livro de mesmo nome, de Fannie Flagg — 29
A mostarda de *Clube da luta*, de Chuck Palahniuk — 32
A halva de Jean-Paul Sartre — 35
As madeleines de *Em busca do tempo perdido*, de Marcel Proust — 38
O pão de Miguel de Cervantes — 41
O sanduíche de rosbife de John Keats — 44
O cachorro-quente de *A hora da estrela*, de Clarice Lispector — 47
O sanduíche de queijo suíço e leite maltado
   de *O apanhador no campo de centeio*, de J. D. Salinger — 50
O sanduíche de salada de ovos de *Foi apenas um sonho*, de Richard Yates — 53
Os bagels de *O diabo veste Prada*, de Lauren Weisberger — 56
Os cookies de *O diário de Anne Frank* — 59

Refeições para discutir uma boa obra

O ragu de *Orgulho e preconceito*, de Jane Austen — 64
O boeuf bourguignon de *Julie & Julia*, de Julie Powell — 67
O boeuf en daube de *Ao farol*, de Virginia Woolf — 71
A sardinha frita com salada de batata de *Éramos seis*, de Maria José Dupré — 74
O peixe frito de Pagu — 77
A lasanha à bolonhesa de *As batidas perdidas do coração*, de Bianca Briones — 80

O nhoque de *A irmandade da uva*, de John Fante 83
O frango assado de *Drácula*, de Bram Stoker 86
A pizza margherita de *Comer, rezar, amar*, de Elizabeth Gilbert 89
O bufrito de *Quem é você, Alasca?*, de John Green 92
A berinjela recheada de *O amor nos tempos do cólera*, de Gabriel García Márquez 95
A paella de *Por quem os sinos dobram*, de Ernest Hemingway 98
A bacalhoada de *O primo Basílio*, de Eça de Queirós 101
A sopa azul de *O diário de Bridget Jones*, de Helen Fielding 104
A sopa de ervilha de *As bruxas*, de Roald Dahl 107

Doce leitura: o açúcar escondido em nossos livros favoritos

O sorvete de abacaxi do conto "O sorvete", de Carlos Drummond de Andrade 112
A mousse de abacaxi de *Madame Bovary*, de Gustave Flaubert 115
A macedônia de frutas de *Anna Karenina*, de Leon Tolstói 118
O quindim de Mário Quintana 121
A torta de limão de Sylvia Plath 123
A torta de banana de *O planeta dos macacos*, de Pierre Boulle 126
A torta de nozes de *A lista de Brett*, de Lori Nelson 129
A torta de maçã com sorvete de *Na estrada*, de Jack Kerouac 132
Os brownies de *As vantagens de ser invisível*, de Stephen Chbosky 135
O clafoutis de Simone de Beauvoir 137
As bolinhas de pasta de amendoim cobertas de chocolate
 de *Doce procura*, de Kevin Alan Milne 139
O bolo branco de *Um bonde chamado Desejo*, de Tennessee Williams 141
O bolo de coco de Emily Dickinson 144
O arroz-doce de *Dona Flor e seus dois maridos*, de Jorge Amado 147

Comidinhas com gosto de infância

O chocolate quente de *A fantástica fábrica de chocolate*, de Roald Dahl 152
O bolo de chocolate de *Harry Potter e a pedra filosofal*, de J. K. Rowling 155
As peras bêbadas de *Pinóquio*, de Carlo Collodi 158
A maçã do amor do conto "Branca de Neve", dos irmãos Grimm 160
O cupcake Coma-me de *Alice no País das Maravilhas*, de Lewis Carroll 163
O sanduíche de pasta de amendoim e banana de *Percy Jackson*, de Rick Riordan 166
O pudim de chocolate de *Peter Pan*, de J. M. Barrie 168

A rabanada de *O meu pé de laranja lima*, de José Mauro de Vasconcelos 170
O bolo de maracujá de Tatiana Belinky 172
O bolinho caipira de *O Minotauro*, de Monteiro Lobato 174
Os croissants de *A invenção de Hugo Cabret*, de Brian Selznick 176
A omelete de *O guia do mochileiro das galáxias*, de Douglas Adams 179

Drinques da literatura

O screwdriver de Truman Capote 184
A gemada de Edgar Allan Poe 186
A margarita de Jack Kerouac 188
O mojito de Ernest Hemingway 190
O boilermaker de Charles Bukowski 192
O whiskey sour de Dorothy Parker 194
O vesper martíni de *Casino Royale*, de Ian Fleming 196
O mint julep de *O grande Gatsby*, de F. Scott Fitzgerald 198
O moloko plus de *Laranja mecânica*, de Anthony Burgess 200
O ponche fumegante de "Um conto de Natal", de Charles Dickens 202
O cosmopolitan de *Cinquenta tons de cinza*, de E. L. James 204
O rum toddy de *Moby Dick*, de Herman Melville 207
A cerveja amanteigada alcoólica
　de *Harry Potter e o prisioneiro de Azkaban*, de J. K. Rowling 209

Créditos das citações 212
Obrigada! 215

PRÓLOGO

Desde que nos habituamos a nos sentar à mesa, permitimos que o ato de se alimentar se transformasse em muito mais que um instinto de sobrevivência. Virou desejo. Virou demonstração de amor. Virou sentimento.

Foi natural que a paixão pela comida logo passasse a ser narrada em livros.

À mesa, muitos personagens se apaixonaram, tramaram guerras e banharam seus pensamentos em imponentes taças de vinho.

Em algumas ocasiões, escrever sobre comida se tornou um abrigo.

Eça de Queirós, escritor português que padecia de uma doença do intestino, fazia de suas histórias um artifício para matar o desejo dos alimentos proibidos para ele. É por isso que as deliciosas e completas descrições das iguarias em seus livros dão água na boca.

Em outros momentos, comer se tornou um gatilho da memória.

Para o francês Marcel Proust, o paladar tem a função de invocar o passado. Lygia Fagundes Telles, por sua vez, escreveu que a memória tem um olfato memorável. Quem nunca se perdeu em lembranças ao degustar um pudim de leite da infância ou sentir o cheiro daquela torta de maçã que uma pessoa querida costumava preparar?

A comida retratada em livros também se transformou em pista para conhecer os costumes de uma época.

Machado de Assis mencionava alimentos nacionais para protestar contra a influência parisiense, que invadiu nossa cozinha em meados do século XIX.

Mergulhar em uma história pelo viés da gastronomia pode ser uma viagem e tanto pela vida do escritor, por suas preferências culinárias e pelo pano de fundo social, cultural e histórico de seu tempo.

Neste livro, trago comidinhas encontradas em grandes obras, os pratos preferidos de alguns escritores e receitas inspiradas em clássicos da literatura.

São delícias acessíveis e tão fáceis de fazer que até mesmo os leitores menos habilidosos vão conseguir se aventurar pela cozinha dos seus autores do coração.

Como acompanhamento, crônicas sobre a minha relação com cada obra, o escritor ou a receita.

Você está convidado a vir comigo nesta apetitosa viagem.

ARRUMANDO A MESA PARA CAPITU

EU ME LEMBRO DE ESTAR SENTADA NO SOFÁ, SEM VONTADE NENHUMA DE INVENTAR QUALQUER COISA PARA O JANTAR.

Era uma sexta-feira, mas eu havia tomado a sábia decisão de ficar em casa e economizar. A vida de jornalista freelancer me forçava a pisar no freio. Nada de pedir comida pronta.

Já fazia alguns meses que minha mãe vinha me incentivando a aprender a cozinhar. Era saudável e muito mais econômico, ela dizia. Mas o que é que eu podia fazer se ainda não tinha encontrado motivação para isso?

E então, em um dia como outro qualquer, o incentivo apareceu de surpresa.

Na esperança de fazer um extra no fim do mês, sugeri uma reportagem para uma revista. A matéria citaria, entre outros autores, Machado de Assis.

Por esse motivo, naquela sexta-feira meu encontro era com ninguém menos que *Dom Casmurro*.

Deu-se que em determinado momento, logo no início do livro, topei com a menção a uma cocada. Assim que descobre que terá de ir para o seminário, Bentinho corre até Capitu para contar a triste notícia. Nesse momento, um escravo vendedor de cocada passa pelos jovens e oferece o quitute.

Ele canta a entoada: "Chora, menina, chora. Chora porque não tem vintém".

Capitu dá de ombros.

É por causa dessa recusa que Bentinho percebe quão chateada a amiga está. Isso porque durante a infância eles viviam repetindo a entoada do vendedor. Além disso, Capitu gostava muito de cocada e não desprezaria a oportunidade de provar a iguaria.

Minha boca encheu de água conforme prossegui com a leitura. Eu estava com fome e, agora, com muita vontade de comer cocada.

Pronto! Em nome de Machado de Assis, eu teria que fazer o bendito doce!

Para minha sorte, na despensa havia uma lata de leite condensado e um pacote de coco ralado. Meio no olhômetro, improvisei uma espécie de beijinho que cumpriu bem o papel: matou minha vontade.

O problema é que uma imagem ficou martelando na minha cabeça. Uma cocada de corte, cheia de fiapos, bem açucarada e cremosa, derretendo na boca.

No dia seguinte, repeti a tentativa. Não deu certo. Diacho de doce difícil de fazer.

Olhei para aquela meleca amarelada na panela. Até estava gostosa, mas não era a cocada que eu imaginara. O que fazer para endurecê-la?

Liguei para minha mãe, cozinheira de mão cheia, e pedi ajuda. Foi assim que descobri que era preciso dar um choque térmico na mistura. Uai. E como se faz isso?

Basta jogar a cocada quente em cima de uma superfície de mármore frio untada com manteiga.

E *voilà*! A cocada ficou dura.

Enchi um prato com o doce, fui para o sofá, retomei a leitura do livro e algo estranhíssimo aconteceu.

Comer cocada lendo *Dom Casmurro* deu outro sentido à obra. De alguma forma, eu me senti muito mais próxima de Capitu e Bentinho.

A partir desse momento, muitos questionamentos começaram a surgir. Será que Machado de Assis se deliciava com uma cocada enquanto escrevia aquela passagem? Por que, afinal, ele escolheu esse quitute e não um pudim de leite, por exemplo?

Foi então que percebi que havia experimentado uma perfeita simbiose entre gastronomia e literatura.

E queria mais!

Com o estômago cheio de cocada e a cabeça cheia de ideias, decidi aprender a cozinhar as receitas citadas pelos meus escritores preferidos.

Modéstia à parte, foi uma ideia boa, não?

Explicando o nível de dificuldade das receitas

No geral, as receitas que escolhi para este livro são simples, até porque eu não sou uma cozinheira experiente. Para conhecer os sabores que sugiro aqui, você não precisa dominar nenhuma técnica complicada nem compreender termos específicos da alta gastronomia.

Alguns dos preparos, porém, exigem um pouco mais de destreza no manuseio dos ingredientes ou têm uma elaboração mais demorada. É por isso que cada receita se inicia com uma legenda que indica o grau de dificuldade para quem não é expert em culinária. Assim, você poderá escolher a receita de acordo com a sua habilidade ou disponibilidade no dia.

Conheça o significado das legendas:

Receita simples e rápida

 Receita um pouquinho mais complicada

 Receita que requer mais tempo e paciência

A COCADA DE DOM CASMURRO, DE MACHADO DE ASSIS

Nível de DIFICULDADE

EU ME APAIXONEI PELA PRIMEIRA VEZ AOS QUINZE ANOS. Até então, tudo o que eu sabia sobre amar outra pessoa era o que havia lido em livros ou assistido em comédias românticas. Mas, aí, de uma hora para outra, Diogo apareceu no meu portão.

Diogo era tudo o que os clichês românticos ditam como perfeito. Era o típico *bad boy* com cara de mau, experiente e com dezenas de histórias loucas para contar. Tinha acabado de tirar a carteira de motorista, e esse pequeno detalhe o fazia alguém extremamente concorrido na praça.

Mesmo assim, sabe-se lá a razão, calhou de ele querer justamente a mim, a menina magrelinha sem graça que usava óculos estranhos e coloridos e ainda nem havia aprendido a se maquiar.

Foi uma paixão avassaladora e visceral, dessas de chorar antes de dormir, de grifar passagens em livros e de imaginar diálogos que nunca aconteceriam. Daquelas paixões doloridas que parecem que nunca vão se curar.

Durante dois meses, vivemos uma história linda. Todas as noites eu me preparava para o típico namoro de portão. Eu do lado de dentro da grade azul de casa e ele do lado de fora. Escondidos do meu pai, nós nos beijávamos pelos vãos das lanças enferrujadas.

Um dia, um amigo de um amigo disse para uma amiga de uma amiga que havia visto Diogo com outra pessoa.

No auge dos meus quinze anos, vivendo toda a intensidade dramática dessa idade e a ausência completa de maturidade, nem dei chance para Diogo se explicar. Na frente do portão azul enferrujado, coloquei um ponto-final no nosso curto romance.

Terminar o namoro não apagou o sentimento que morava dentro de mim, mas Diogo seguiu a vida tranquilamente, como se nada tivesse acontecido.

E, assim, por causa de uma traição que eu nunca soube se de fato aconteceu, amarguei longos e doloridos cinco anos obcecada por ele e pela dúvida e tolhida por um orgulho imaturo que me impedia de ir atrás do

Machado patriota

Em uma época em que os costumes parisienses eram o modelo de comportamento para o mundo todo, Machado de Assis seguia na contramão. Ele simplesmente não suportava pedir "filet de poisson" em um restaurante se podia dizer apenas "filé de peixe".

O palanque dos protestos eram os livros.

É por isso que as referências aos alimentos em suas obras são sempre bem brasileiras — caso da cocada de *Dom Casmurro*.

rapaz que, pelo menos naquele momento, parecia ser o amor da minha vida.

É claro que não era, e é claro que outros amores surgiram depois, mas essa história brota na minha mente toda vez que penso em Bentinho e na suposta traição de Capitu.

Em uma passagem de *Dom Casmurro*, Capitu ensina piano para o filho, Ezequiel. Bentinho se aproxima e sugere que ela toque a entoada da cocada.

Mas, aí, o horror. Ela não se lembra nem da cocada nem da canção.

Bentinho se lamenta ao perceber que as memórias de infância dele não são as mesmas que ela guarda. Como não se lembrar das cocadas?

Ao longo do livro, um amargurado Bentinho é contaminado pela certeza de que Capitu o traiu, problema que até hoje rende discussões entre estudiosos da literatura em todo o mundo.

Dia desses, encontrei Diogo na rua. Papo vai, papo vem, contei a ele sobre o meu projeto.:

— Capitu Vem para o Jantar, ele repetiu, para em seguida perguntar: — E aí, você acha que a Capitu realmente traiu o Bentinho?

— É claro que não — respondi, cheia de segurança. Sempre defendi Capitu com unhas e dentes. Diz o ditado que cada história de amor tem três versões: as dos dois protagonistas e a real. Em *Dom Casmurro*, nós conhecemos apenas a de Bentinho.

Olhei para Diogo. Ele havia engordado, começava a perder cabelo e não era exatamente um modelo de perfeição para a faixa dos trinta e poucos anos. O fato é que eu olhei para ele, ali parado no meio da rua, e percebi que eu também só conhecia a minha versão da nossa história.

Me aproximei e, em um rompante de coragem, decidi colocar as cartas na mesa. Depois de mais de dez anos, perguntei:

— Você lembra por que nós terminamos?

Diogo estranhou a pergunta, olhou para o alto, pensou... E finalmente disse, achando graça:

— Nós nunca namoramos. Foi uma paixãozinha de adolescente. — Depois, percebendo meu espanto, continuou: — Não foi?

Voltei para casa com uma vontade louca de comer cocada.

Você sabia?

Dom Casmurro foi publicado pela primeira vez em 1899, onze anos depois da abolição da escravatura.

A história, contudo, se passa entre 1857 e 1875, e tem a escravidão como um dos panos de fundo.

Considerando o momento em que o livro foi escrito e a descrição do cenário, a cocada vendida pelo escravo era a tradicional, daquelas de corte.

O problema é que as receitas atuais pedem leite condensado, e no período em que a história de Machado de Assis se desenrola esse ingrediente apenas começava a ganhar o mundo. No Brasil ainda não era produzido, e a importação da Europa custava caríssimo. Por ser uma iguaria muito fina, seria pouco provável que os escravos contassem com o leite condensado para cozinhar o doce.

Descobri que o jornal recifense *A Marmota Pernambucana* declarou, em 1850: "A cocada é o doce do povo, o doce patriótico".

A receita? Nada de leite condensado. As escravas cozinhavam tudo no mel de rapadura.

Capitu vem para o jantar

A COCADA DE DOM CASMURRO

Ingredientes:
- 1 copo americano (200 ml) de água
- 1 kg de açúcar
- 1 xícara (chá) de coco ralado grosso
- 2 xícaras (chá) bem cheias de leite em pó
- Se quiser incrementar, 150 g de ameixa-preta picada

Rendimento: 50 cocadas

Modo de preparar:
Leve a água e o açúcar ao fogo médio até levantar fervura. Quando o açúcar derreter e chegar ao ponto de calda grossa, acrescente o coco ralado e o leite em pó. Retire do fogo e misture até ficar bem cremoso. Adicione as ameixas, se desejar.
Despeje a mistura em uma superfície de mármore untada com manteiga, espalhando até formar uma camada fina e uniforme do doce.
Deixe esfriar e corte em pedaços.

Dica: Se a sua pia não é de mármore e você não tem um pedaço de mármore em casa, use uma forma de alumínio untada com manteiga e resfriada na geladeira, previamente, por 20 minutos. O choque térmico é necessário para que a cocada endureça.

OS OVOS BENEDICT
DE HUNTER S. THOMPSON

Nível de DIFICULDADE

A ÚNICA REFEIÇÃO REALMENTE IMPORTANTE PARA O ESCRITOR HUNTER S. THOMPSON ERA O CAFÉ DA MANHÃ.

Quanto a mim, durante anos esnobei a primeira refeição do dia. Um café preto bem forte era o suficiente para me segurar até a hora do almoço. Pelo menos era o que eu pensava.

Depois que comecei minha guerra para emagrecer, guerra com muitas batalhas perdidas e vencidas, descobri que tomar café da manhã era essencial para manter o metabolismo funcionando bem e diminuir a fome nas outras refeições.

Foi durante as dietas que aprendi a máxima "Tome café como um rei, almoce como um príncipe e jante como um plebeu". Dizem que, se você seguir essa regrinha, o emagrecimento é garantido.

Que o diga Hunter Thompson. Para ele, o desjejum era um ritual importantíssimo e cheio de regras.

Em *A grande caçada aos tubarões* (*The Great Shark Hunt*), reunião de crônicas escritas entre 1956 e 1970 e publicada em 1979, o autor reflete sobre esse assunto:

"Em Hong Kong, Dallas ou em casa — e independentemente de ter ido ou não para a cama —, o pequeno-almoço é um ritual pessoal, que só pode ser devidamente aproveitado sozinho, e num espírito de excesso genuíno".

E bota excesso nisso! Esse escritor era conhecido pelos exageros.

Estamos falando de um cara que encheu o porta-malas com todo tipo de droga, de maconha a LSD, e partiu para Las Vegas com o intuito de cobrir uma competição de motocross. A reportagem em questão viria a se tornar o seu livro mais famoso: *Medo e delírio em Las Vegas* (*Fear and Loathing in Las Vegas*, 1998).

Os ovos benedict

A origem dos ovos benedict é nebulosa, mas a história mais contada é esta:

Em 1894, Lemuel Benedict, um corretor aposentado de Wall Street, entrou no Hotel Waldorf, em Nova York, e pediu para o cozinheiro preparar algo que curasse sua ressaca.

Ele estava com vontade de comer ovos pochê, bacon crocante, torradas com manteiga e creme holandês.

O cozinheiro satisfez a vontade de Benedict em uma única receita — que ficou uma delícia, ganhou o nome do corretor e passou a fazer parte do cardápio do hotel.

A combinação se tornou tão tradicional nos Estados Unidos que ganhou uma data comemorativa: 16 de abril é o Dia Nacional dos Ovos Benedict.

Capitu vem para o jantar

Você sabia?

Como você já deve ter percebido, os hábitos alimentares de Hunter S. Thompson eram bem excêntricos.

Por causa do abuso de drogas, ele tinha o metabolismo muito acelerado e costumava se empanturrar de comida.

Segundo a biografia desse autor, escrita por Jean Carroll, depois que o efeito da droga passava Hunter Thompson costumava ir a uma lanchonete e pedir, de uma só vez, dois hambúrgueres de queijo, duas porções de batata frita, um prato de tomate em rodelas, salada de repolho, duas porções de anéis de cebola empanados e um pedaço de bolo de cenoura.

Sobre o café da manhã, ele escreveu:

"O fator de alimentos deve sempre ser enorme: quatro bloody mary, duas toranjas, um pote de café, crepes, linguiça, bacon, uma omelete espanhola ou ovos benedict, um litro de leite, um limão cortado para tempero, e algo como uma fatia de torta de limão, duas margaritas, e seis linhas da melhor cocaína para a sobremesa...".

Quem consegue pensar em almoço e jantar com um café da manhã desse?

Como sou, digamos, mais contida na primeira refeição do dia, optei por preparar somente os ovos benedict — uma opção bem ousada, e você vai concordar comigo.

Ingredientes
para o molho holandês:
- 3 colheres (sopa) de vinagre de vinho branco
- Sal e pimenta-do-reino
- 1 folha de louro
- 2 gemas
- 3 colheres (sopa) de manteiga derretida
- ½ xícara (chá) de suco de limão

Modo de preparar:
Em uma panela pequena, coloque o vinagre, o sal, a pimenta e a folha de louro. Cozinhe em fogo alto até que o vinagre esteja reduzido a uma colher de sopa. Retire a folha de louro.
Acrescente as gemas e a manteiga ao vinagre reduzido. Mexa em fogo baixo apenas para que os ingredientes se misturem.
Tire do fogo, tempere com suco de limão e reserve.

para os ovos:
- 2 litros de água
- 1 colher (sopa) de vinagre
- 1 ovo grande por pessoa
- 2 pãezinhos da sua preferência
- 4 fatias de bacon

Modo de preparar:
Em uma panela funda, ferva a água. Em seguida, acrescente o vinagre e abaixe o fogo.
Unte uma frigideira com óleo e toste os pãezinhos abertos.
Quebre o ovo em uma xícara. Mexa a mistura fervente de água com vinagre enquanto derruba o ovo dentro dela. O ovo formará uma bolinha, como o ovo pochê. Cozinhe por 3 minutos e o retire com uma escumadeira.
Passe o molho holandês no pãozinho e acomode em cima dele uma fatia de bacon e o ovo pochê.
Sirva quente.

Lanchinhos para acompanhar a leitura

OS OVOS BENEDICT DE HUNTER S. THOMPSON

Dica: Mais adiante você vai aprender umas receitas de pãezinhos que ficam uma delícia com os ovos benedict.

A COMPOTA DE MAÇÃ DE O MORRO DOS VENTOS UIVANTES, DE EMILY BRONTË

Nível de DIFICULDADE

QUANDO LI *O MORRO DOS VENTOS UIVANTES* **(WUTHERING HEIGHTS),** em nenhum momento enxerguei o protagonista masculino como vilão. A personalidade de Heathcliff foi moldada pelos entraves doloridos que o destino de vez em quando apresenta.

É claro que há os rompantes imprevisíveis de raiva, como a ocasião em que ele atira uma tigela de compota de maçã quente no rosto do seu insuportável irmão adotivo, Hindley.

Considero Heathcliff, porém, um homem que se mantém escondido atrás da capa de vilão por pura necessidade de proteção.

Proteção contra o quê?

Heathcliff se torna bruto, rude e violento porque deseja obsessivamente conquistar o coração de Catherine. No fim, resolve se esconder atrás de uma imagem odiada para se resguardar da dor que o sentimento lhe causa.

E como a vida poderia ser diferente se Catherine ficasse ao lado dele!

Não vou ser anacrônica. Nossas existências estão separadas por quase dois séculos de diferenças históricas, sociais e culturais. Mas eu gosto de pensar que essa coisa maluca que é se apaixonar tem sido igual desde que o mundo é mundo.

Nunca fui separada de um grande amor à força, é verdade. Todos os meus escorregões na vida sentimental foram resultados inevitáveis de erros clássicos que cometi nos relacionamentos em que me envolvi. Mas eu sei bem o que é ter o coração estilhaçado em centenas de pedacinhos.

É por isso que, ao ler *O morro dos ventos uivantes*, me peguei profundamente angustiada por Heathcliff. Sozinho, alimentando uma dor que se transforma em rancor, vingança, loucura. (É ele o cara que destrói o túmulo da amada só para vê-la mais uma vez.)

Aprendi com os livros, com um bocado de comédias românticas, com a música pop e com os obstáculos da vida que o tempo é a cura mais eficiente para corações partidos.

Lanchinhos para acompanhar a leitura

Eu gostaria que Heathcliff tivesse tido a oportunidade de conhecer Gloria Gaynor, uma mulher muito sábia que nasceu um século depois dele e que cantou: "I Will Survive". Hoje em dia, Heathcliff, ninguém mais morre de amor.

Eu sei, é claro, que ele vive em outro tempo e que o seu amor deve ser mesmo o único combustível para sobreviver à rotina modorrenta daqueles dias longos.

Na minha opinião, falta a ele um amigo, alguém que realmente se importe e que o aconselhe: bola pra frente! Vá viver a vida, meu caro. O mundo é muito maior que isso.

Mesmo àquela altura, o mundo já era muito grande, sim senhor.

Ali nas esquinas da cidadela, no vilarejo vizinho, em algum lugar além do oceano, em outro cenário qualquer, haveria de existir alguém que substituísse Catherine.

Não é possível que neste mundo só exista uma pessoa ideal para a gente.

Meu coração fica apertado toda vez que vejo Heathcliff seguir pelo caminho mais complicado, atravessando a linha tênue que separa o amor da loucura. Afundou tão rápido que nem deu para tentar salvá-lo. Se bem que... ele tem salvação?

A cada virar de página, eu anseio que ele tenha um final feliz. Anseio que supere Catherine. Anseio que fique bem.

Frequentemente torço o nariz quando ouço alguém dizer que Heathcliff é um vilão, um homem detestável, um personagem horroroso.

Heathcliff é o único protagonista dessa complicadíssima trama. É um personagem real, que existe para nos ensinar que nem toda história de amor tem final feliz e nem todo herói é bom.

Mas eu tenho certeza de que você já sabia disso.

Você sabia?

Emily Brontë lançou *O morro dos ventos uivantes* aos vinte e nove anos, em 1847.

O livro não teve boa receptividade e, além disso, foi considerado uma afronta aos costumes da época.

Pudera. Quando criança, Heathcliff é adotado pelo patriarca da família Earnshaw, mas, por sua origem cigana, nunca foi benquisto pelo irmão mais velho, Hindley. Em contrapartida, se apegou instantaneamente à caçula, Catherine.

Os dois são criados juntos. Na adolescência, descobrem-se apaixonados um pelo outro, mas não assumem a paixão porque Catherine decide se casar com Edgar, mais bem situado financeiramente.

Egoísta, porém, ela mantém acesa a paixão de Heathcliff. Até que uma tragédia os separa definitivamente.

Heathcliff se torna um homem perturbado. Obcecado pela ideia de vingança e movido pela frustração, destrói a vida de todos ao seu redor.

Esse era um assunto tremendamente delicado para 1847.

O morro dos ventos uivantes foi a única obra de Emily, que faleceu de tuberculose no ano seguinte ao da publicação do livro. Ela morreu sem imaginar que tinha escrito um dos maiores clássicos da literatura.

Capitu vem para o jantar

A COMPOTA DE MAÇÃ DE O MORRO DOS VENTOS UIVANTES

Ingredientes:
- 4 maçãs pequenas picadas
- 1 copo americano (200 ml) de água
- 1 xícara (chá) cheia de açúcar
- Suco de 1 limão
- Canela em pau a gosto

Rendimento:
4 porções

Modo de preparar:
Descasque e pique as maçãs em pedaços pequenos. Reserve.
Em uma panela, junte a água e o açúcar e deixe ferver. Em seguida, acrescente o suco de limão e a canela. Quando começar a engrossar o caldo, coloque as maçãs. Deixe-as cozinhar até o ponto de compota. O caldo vai ficar escuro e cremoso.

Dica: Se o caldo reduzir muito rápido e as maçãs ainda não estiverem bem cozidas, acrescente mais um copo de água.

AS LEMBAS ÉLFICAS DE O SENHOR DOS ANÉIS, DE J. R. R. TOLKIEN

Nível de
DIFICULDADE

EU SEMPRE FIZ O TIPO NERD. E, BOM, TODO NERD QUE SE PREZE JÁ LEU J. R. R. TOLKIEN.

No meu currículo, entretanto, admito que estão apenas as obras mais famosas. *O silmarillion* (*The Silmarillion*, 1977), *O hobbit* (*The Hobbit*, 1937) e, claro, *O Senhor dos Anéis* (*The Lord of the Rings*, 1954).

Porque passei a infância jogando *Dungeons & Dragons*, assistindo a *Caverna do dragão*, *Labirinto*, *Willow*, *História sem fim* e fazendo muitas outras coisas relacionadas às criações de Tolkien, achei que uma receita daquele universo tinha que dar as caras por aqui.

Veja bem: não estou falando de qualquer receita. Falo das lembas élficas (comumente chamadas de pão de viagem). Na Terra Média, universo criado pelo escritor, trata-se de um pão muito nutritivo preparado pelos elfos.

Se embalado em folhas, mantém-se fresco por meses, mostrando-se uma boa opção para fazer face àquela aventura um pouco mais intensa, por exemplo, quando você enfrenta um dragão ao lado dos amigos anões ou salva o mundo do mal ao destruir um anel.

Não imagino que alguém tenha lido Tolkien sem ficar curioso quanto ao sabor das lembas.

O problema é que a receita é mantida a sete chaves pela comunidade élfica, mais ou menos como aquele tempero especial do molho de tomate da sua tia — segredo que pode causar uma briga de família se você insistir em tentar descobrir. (A verdade é que algumas vezes é melhor nem saber mesmo.)

E foi por isso que os fãs das obras de Tolkien decidiram inventar a própria receita.

Aí, leitor, a coisa pegou. Pelos quatro cantos do mundo, as pessoas seguem esse passo a passo. E é claro que eu tinha que testar. Vou falar: fica uma delícia com man-

Melhores amigos

J. R. R. Tolkien foi amigo de C. S. Lewis, autor de *As crônicas de Nárnia* (*The Chronicles of Narnia*, 1950-1956).

Foi C. S. Lewis quem leu o primeiro rascunho de *O Senhor dos Anéis* e incentivou o amigo a transformar a história em uma série de livros.

Em contrapartida, Tolkien não gostou de *As crônicas de Nárnia*, que, em sua opinião, trazia muitas alegorias infantilizadas.

Amigos, amigos. Negócios à parte.

Capitu vem para o jantar

Você sabia?

Em uma viagem pela Suíça, Tolkien teve um insight e rabiscou em uma folha de papel: "Num buraco no chão vivia um hobbit." Nascia ali um de seus livros mais emblemáticos.

Ao contrário do que muitas pessoas pensam, porém, *O hobbit* não veio primeiro. *O silmarillion* foi escrito muito antes, embora tenha sido publicado depois da morte do escritor.

teiga ou requeijão. Um lanchinho eficiente para o fim da tarde. Acompanhado de café com leite, então...

As lembas caseiras ficam iguaizinhas à receita descrita nos livros: pardas por fora e branquinhas por dentro. Além disso, têm o poder de dedurar as pessoas que, ao seu redor, são domadas pelas trevas: sendo um alimento produzido pelos elfos, as criaturas do mal simplesmente não suportam o gosto das lembas.

Gollum, coitado, não as comeria jamais, mesmo que o anel estivesse escondido dentro da massa.

Uma dica: melhor não enrolar as lembas em folhas tentando prolongar o seu prazo de validade. Nossos vegetais não são tão poderosos como os da Terra Média.

Ingredientes:
- 1 xícara (chá) de mel
- 3 ovos
- 3 colheres (sopa) de margarina
- 1 colher (sopa) de fermento em pó
- 6 xícaras (chá) de farinha de trigo
- Suco de ½ laranja
- Canela em pó a gosto

Rendimento:
8 lembas médias

Modo de preparar:
Misture todos os ingredientes e sove com a mão até a massa desgrudar dos dedos.
Com um rolo, estique a massa e a corte em quadrados. Cubra uma forma com papel-manteiga e posicione os pães separados uns dos outros, pois eles vão crescer.
Leve ao forno em temperatura média por cerca de 40 minutos.
Sirva ainda quente.

Lanchinhos para acompanhar a leitura

AS LEMBAS ÉLFICAS, DE O SENHOR DOS ANÉIS

Dica: Você pode acrescentar amêndoas picadas à massa para suas lembas ficarem ainda mais gostosas.

O BOLINHO DE LIMÃO DE O GRANDE GATSBY, DE F. SCOTT FITZGERALD

Nível de DIFICULDADE

A BIOGRAFIA DE F. SCOTT FITZGERALD SEMPRE ME INTERESSOU. Deve ter sido maravilhoso viver a efervescência cultural da Paris do início do século XX, conhecer personalidades como Hemingway, Gertrude Stein e Picasso e escrever a obra-prima que é *O grande Gatsby* (*The Great Gatsby*).

Nesse livro, Fitzgerald critica o estilo de vida fútil e materialista da sociedade norte-americana depois da Primeira Guerra Mundial.

Nick Carraway narra a trajetória melancólica de Jay Gatsby, um milionário excêntrico que dá festas luxuosas todas as noites na esperança de que o seu amor do passado, Daisy Buchanan, reapareça.

Ela não comparece a nenhuma das festas, mas surge de surpresa em um encontro marcado às cegas por Nick. Na ocasião, os dois têm diante de si uma mesa de chá com doze bolinhos de limão. Os bolinhos têm, como você pode ver, uma função importante na trama: compõem o cenário do reencontro de Gatsby e Daisy após cinco anos de separação.

Chá com bolinhos de limão, que permanecem intocados. A emoção do momento deve ter feito o casal perder a vontade de comer — que desperdício!

Uma curiosidade sobre *O grande Gatsby*: Fitzgerald frequentava, em Paris, a casa da escritora Gertrude Stein, que costumava oferecer jantares suntuosos. Picasso, Hemingway, Zelda Fitzgerald, Matisse, Apollinaire e James Joyce eram figurinhas fáceis nesses eventos.

Foi em um dos jantares que Fitzgerald pediu que a amiga Gertrude lesse os originais de seu romance.

Há poucos dias deparei com a carta que ela escreveu a Fitzgerald depois de analisar o manuscrito.

Eu poderia falar sobre a maneira como *O grande Gatsby* marcou minha vida e influenciou minha paixão pela leitura, mas acho que a opinião de Gertrude Stein tem muito mais peso:

Hábitos alimentares estranhos

Sabe qual era a comida preferida de Fitzgerald? Carne enlatada com maçã.

Lanchinhos para acompanhar a leitura

"Aqui estamos nós. Eu li o seu livro e é um bom livro. Eu gosto da melodia da sua dedicação e isso mostra que você tem um fundo de beleza e ternura e isso é um conforto.

A próxima coisa boa é que você escreve naturalmente suas sentenças e isso também é um conforto. Você escreve naturalmente suas sentenças e pode-se ler todas elas, o que entre outras coisas, também é um conforto.

Você está criando um mundo contemporâneo como Thackeray fez em seu *Feira das vaidades* e este não é um mau elogio.

Você cria um mundo moderno e uma orgia moderna que estranhamente nunca havia sido feita até o seu *Este lado do paraíso*.

Minha crença sobre aquele livro estava certa.

Este é um livro tão bom quanto é diferente e mais velho. E isso é o que se faz, não se cria algo melhor, se cria algo diferente".

Você sabia?

Quando *O grande Gatsby* foi publicado pela primeira vez, em 1925, F. Scott Fitzgerald tinha vinte e nove anos e estava casado com Zelda havia cinco. Os dois formavam um dos casais mais boêmios da literatura, e esse relacionamento um tanto conturbado sempre me interessou.

O bacana é que ambos escreveram, em livros diferentes, sobre o casamento deles, e as duas obras apresentam perspectivas interessantes sobre a relação entre eles.

O livro de Fitzgerald a que me refiro chama-se *Suave é a noite* (*Tender Is the Night*, 1934); Zelda escreveu *Esta valsa é minha* (*Save Me the Waltz*, 1932).

Ingredientes:
- 3 ovos
- 1 xícara (chá) de açúcar
- 2 colheres (sopa) de óleo
- 1 pote de iogurte natural
- 1 xícara (chá) de farinha de trigo
- 1 colher (chá) de fermento em pó
- 1 lata de leite condensado
- Suco de 2 limões
- Raspas de limão

Rendimento:
15 bolinhos

Modo de preparar:
Coloque na batedeira o açúcar, o óleo, o iogurte, a farinha de trigo e o fermento. Bata rapidamente, apenas para misturar os ingredientes.

Despeje a massa em forminhas de bolinhos ou cupcakes. Leve ao forno médio por 15 minutos.

Para fazer a cobertura, misture o leite condensado com o suco de limão. Despeje sobre os bolinhos e finalize com as raspas de limão.

Capitu vem para o jantar

O BOLINHO DE LIMÃO DE O GRANDE GATSBY

OS TOMATES VERDES FRITOS DO LIVRO DE MESMO NOME, DE FANNIE FLAGG

Nível de
DIFICULDADE

NO MEU PRIMEIRO EMPREGO, EU ERA SECRETÁRIA DA MINHA TIA EM UM PREDINHO DE TRÊS ANDARES BEM PERTO DA AVENIDA LIBERDADE, EM SÃO PAULO.

Apesar de a jornada ser de apenas quatro horas, meu horário não era dos melhores. Eu encerrava o expediente às seis da tarde, quando os ônibus estão lotados e o trânsito não colabora.

Como o escritório ficava bem perto do centro, eu frequentemente ia a pé até a estação Sé do metrô, e às vezes entrava em algum sebo pelo caminho para matar o tempo. Aquelas prateleiras empoeiradas me apresentaram a livros e filmes incríveis.

Um dia, caiu nas minhas mãos um exemplar de *Tomates verdes fritos e o Café da Parada do Apito* (*Fried Green Tomatoes at the Whistle Stop Cafe*). O título me chamou a atenção; não me parecia nada apetitoso comer tomates verdes fritos.

Abri em uma página aleatória e fui fisgada imediatamente. Comprei o livro e comecei a ler no caminho de volta para casa mesmo. Amor à primeira vista.

A obra contava uma história linda sobre amizade, sobre abraçar a velhice, mas, especialmente, sobre o empoderamento feminino. Um livro para ler de um fôlego só.

As quatro personagens principais são fortes, decididas e têm a vida recheada de momentos tristes, emocionantes e inspiradores.

Tomates verdes fritos e o Café da Parada do Apito é narrado sob três pontos de vista.

Em 1985, na casa de repouso Rose Terrace, a sra. Threadgoode conta acontecimentos do seu passado para uma mulher infeliz chamada Evelyn.

Nesses encontros, a idosa relata a trajetória de Ruth e Idgie, amigas inseparáveis que em meados da década de 1930 montaram o Café da Parada do Apito, no estado americano do Alabama.

Capitu vem para o jantar

Você sabia?

O livro *Tomates verdes fritos e o Café da Parada do Apito* foi lançado em 1987 e passou trinta e seis semanas na lista mais vendidos do *The New York Times*.

Foi a própria autora, Fannie Flagg, quem adaptou o romance para o cinema, em 1991. Esse trabalho lhe renderia uma indicação ao Oscar de Melhor Roteiro Adaptado.

Em 1993, Fannie revisitou o cenário e os pratos de seu best-seller com o livro de receitas do Café da Parada de Apito (*Fannie Flagg's Original Whistle Stop Cafe Cookbook*, que não foi lançado no Brasil).

Por intermédio do *Semanário Weens*, o jornal da cidade, descobrimos outras informações importantíssimas para a trama.

As quatro personagens principais, mesmo vivendo em épocas distintas, se banqueteiam com os famosos tomates verdes que eram servidos no café de Ruth e Idgie. Eles eram fritos na gordura de porco e servidos com fatias enormes e crocantes de bacon.

Os tomates são descritos de maneira tão deliciosa que fui obrigada a preparar a receita em casa. E eis que veio a surpresa: são gostosos!

Tudo isso aconteceu dez anos antes de eu ter a ideia de criar o Capitu Vem para o Jantar. Sem saber, eu estava me preparando para um projeto que me daria muito prazer.

Ingredientes:

- 3 tomates verdes cortados em rodelas grossas
- Sal e pimenta-do-reino
- 1 xícara (chá) de óleo
- 2 ovos
- ½ xícara (chá) de leite
- 1 xícara (chá) de fubá
- Queijo ralado a gosto

Modo de preparar:

É essencial que você utilize tomates verdes, porque eles são bem mais durinhos e não se desfazem na frigideira. Tempere as rodelas de tomate com sal e pimenta.
Coloque o óleo na frigideira e deixe esquentar.
Bata os ovos em uma travessa o acrescente o leite. Em outra travessa, misture o fubá com o queijo ralado.
Agora é simples: mergulhe as rodelas de tomate no ovo com leite, passe-as no fubá e frite-as em óleo quente. Deixe fritar por cerca de um minuto cada lado.
Sirva ainda quente.

Lanchinhos para acompanhar a leitura

OS TOMATES VERDES FRITOS

A MOSTARDA DE CLUBE DA LUTA, DE CHUCK PALAHNIUK

Nível de DIFICULDADE

UMA TARDE, ALGUNS MESES ANTES DE ESTE LIVRO ACONTECER, EU ESTAVA DEBRUÇADA SOBRE A PIA DA COZINHA, olhando para um punhado de grãos de mostarda.

Parece um fato banal e corriqueiro, mas foi um momento de descoberta. Só quem está acostumado a reconhecer a mostarda unicamente nos potes amarelos do supermercado vai me entender.

Ora, então aquilo era a mostarda? Aqueles grãozinhos amarelados que mais pareciam lentilhas?

Em minha defesa, digo que sempre mantive uma relação turbulenta com a mostarda, o que me motivava a guardar certa distância dela.

Meu pai conta que, certa vez, durante uma viagem, tive uma infecção alimentar gravíssima por causa desse tempero. Apesar de não me lembrar da situação, acho que aquilo ficou gravado no meu inconsciente e me fez repelir a mostarda durante exatos vinte anos.

Lembro de um namorado que amava esse condimento. Ele chegava a comer a colheradas.

— Já tentou provar novamente? — ele perguntava, esticando a colher com o creme amarelo na minha direção.

Imagine. Eu torcia o nariz. Não gostava e pronto.

Até que li uma menção à mostarda em *Clube da luta* (*Fight Club*), de Chuck Palahniuk, e achei que estava ali uma belíssima oportunidade de fazermos as pazes.

A história do livro gira em torno da vida de um homem (nunca sabemos o nome) que tem problemas para dormir.

Ele costuma frequentar encontros de doentes terminais, porque essas reuniões lhe transmitem a sensação de morrer e viver de novo todas as noites.

Em uma viagem a trabalho, o homem conhece Tyler Durden, jovem livre das convenções sociais que cria o clube da luta — basicamente um espaço para os caras se esbofetearem e liberarem seus instintos mais primários.

Lanchinhos para acompanhar a leitura

Em certa passagem, o protagonista chega de viagem e depara com uma tragédia: uma explosão destruiu tudo o que havia em sua casa, inclusive uma coleção de potes de mostarda que ele guardava na geladeira.

"As paredes envidraçadas com molduras de alumínio explodiram e os sofás e os abajures e os pratos e os jogos de lençóis em chamas, os anuários da faculdade e os diplomas e o telefone.

Tudo lançado do décimo quinto andar, como uma explosão solar.

Ah, minha geladeira não. Eu tinha uma coleção de mostardas especiais, algumas granuladas, outras em pasta como nos pubs ingleses.

Tinha catorze sabores de molho para salada sem óleo e sete espécies de alcaparras.

Eu sei, eu sei, uma casa repleta de condimentos e nenhuma comida de verdade."

E eis que estamos de volta à cozinha da minha casa, onde eu estava debruçada sobre a pia.

Se eu tinha decidido fazer uma receita, é claro que teria que experimentá-la.

Segui o passo a passo que você vai ler adiante e me preparei para enfrentar o momento de provar. Abri o pote de mostarda caseira e o cheiro adocicado me invadiu de repente. Afundei a colher na pasta e lentamente a levei à boca.

Um mundo novo se abriu diante dos meus olhos.

O sabor era picante, mas delicado. Senti as papilas gustativas trabalharem como loucas, enchendo minha boca de água, sedenta por mais uma colherada. Como é que eu havia ficado tantos anos sem aquilo?

Passei um pouco em um pedaço de pão. Revirei os olhos de prazer.

Eu quis ligar para aquele meu ex-namorado e dizer que não importava o que havia acontecido entre a gente: agora eu entendia tudo. Mostarda era mesmo magnífico.

Guardei os potes na geladeira, e, ao vê-los enfileirados, entendi perfeitamente o que o protagonista de *Clube da luta* sente depois da explosão.

Ele vê a casa em ruínas, mas lamenta apenas pela coleção de potinhos.

Bem, se a minha casa explodir e lançar a geladeira pelos ares, pelo menos eu vou saber repor a mostarda.

Você sabia?

Chuck Palahniuk é jornalista e escritor, mas em determinado momento da carreira largou tudo e foi trabalhar como voluntário em um hospício.

O seu terceiro livro, *Clube da luta*, lançado em 1997, a princípio seria apenas um conto. Aliás, uma curiosidade: o conto original é o sexto capítulo da obra.

Em 1999, quando a história se transformou em um filme protagonizado por Brad Pitt e Edward Norton, Palahniuk sugeriu que esses atores estivessem realmente alcoolizados em cena.

E assim foi feito. Todas as vezes que os dois personagens aparecem embriagados, saiba que Pitt e Norton não estavam simplesmente interpretando.

Capitu vem para o jantar

A MOSTARDA DE CLUBE DA LUTA

Ingredientes:
- 80 g de grãos de mostarda
- 1 xícara (chá) cheia de água
- 1 colher (café) de sal
- 1 pitada de pimenta-do-reino
- 1 xícara (chá) de vinagre de vinho branco
- 2 colheres (sopa) de mel

Modo de preparar:

Descasque e pique as maçãs em pedaços pequenos. Coloque os grãos de mostarda em um potinho com a água e deixe de molho por 1 hora. Depois disso, peneire para drenar.

Bata no liquidificador os grãos sem a água, o sal, a pimenta-do-reino e o vinagre. Bata rapidamente, só até virar um creme. Por último, acrescente o mel e misture suavemente.

Despeje a mostarda em um frasco de vidro e deixe na geladeira por 2 dias sem abrir o frasco. Depois, é só servir.

A HALVA DE JEAN-PAUL SARTRE

Nível de DIFICULDADE

DESEJO DE COMER UM ALIMENTO ESPECÍFICO. ALGUMA VEZ NA VIDA VOCÊ VAI SENTIR.

É uma vontade arrebatadora, uma obsessão que consome você e parece não querer ir embora de jeito nenhum.

Vontade que faz você pegar o carro no meio da noite e ir até a padaria mais próxima ou caminhar quilômetros à procura de uma loja de conveniência.

Eu, por exemplo, frequentemente sou assolada pela vontade de comer chocolate branco. (Uma amiga tem desejo de comer manteiga. Vai entender.)

Quando lutou no exército francês durante a Segunda Guerra Mundial, Jean-Paul Sartre sofreu muito com esse tipo de querer.

Em cartas para a esposa, Simone de Beauvoir, o escritor menciona diversas vezes a halva, doce típico do Oriente Médio feito com amêndoas, mel e tahine. Sendo muito difícil o acesso a essa iguaria em tempos de guerra, às vezes Sartre pedia que a esposa a enviasse para o front.

Em 12 de novembro de 1939, ele escreve uma carta apaixonada para Simone, mas no fim trata de se lamentar:

"Eu estava com ótimo humor hoje e aí eu recebi os seus livros, mas não havia halva. Está vindo em outro pacote?"

Quatro dias depois ele se retrataria, aliviado:

"A halva chegou em bom estado com os cartuchos de tinta. Muito obrigado, meu doce.

Nós comemos uma caixa inteira na hora do almoço, eu, Mistler, dois soldados que acabamos de conhecer, e a garçonete do L'Ecrevisse.

A outra caixa vou comer sozinho, pouco a pouco.

É esplêndido como as amêndoas parecem acrescentar algo a mais".

Eu nunca havia provado a halva. Acabei descobrindo depois que, apesar de não ter uma aparência bonita, a receita é exótica e bastante saborosa.

Ele pode ser preparado sem amêndoas, caso você prefira.

Preparei o doce com muito cuidado, como se fosse enviá-lo de presente para um faminto Jean-Paul Sartre do outro lado do mundo.

Capitu vem para o jantar

Você sabia?

Antes da Primeira Guerra Mundial e da crise que assolou a França, Jean-Paul Sartre gostava de frequentar bons restaurantes e passar horas sentado nas charmosas mesinhas dos bistrôs espalhados por Paris. Junto com a esposa, Simone de Beauvoir, ele batia cartão no Les Deux Magots, que existe até hoje na Place Saint-German des Prés, 6, em Paris. Inclusive, dá até para se sentar na mesa preferida do casal.

Ingredientes:
- 2 claras de ovo
- 2 xícaras (chá) de mel
- 1½ xícara (chá) de tahine
- 1 colher (chá) de essência de baunilha
- ¾ xícara (chá) de amêndoas

Modo de preparar:
Unte uma forma com manteiga.
Na batedeira, bata as claras até o ponto de neve.
Cozinhe o mel em fogo muito baixo até ficar quase líquido.
Em outra panela, misture o tahine e a essência de baunilha. Em seguida, junte essa mistura às claras em neve. Mexa até os ingredientes estarem incorporados.
Adicione lentamente o mel e mexa até que endureça.
Por último, acrescente as amêndoas.
Despeje o creme na forma, cubra com filme plástico e deixe na geladeira por 24 horas.
No dia seguinte, sirva o doce em pedaços.

Lanchinhos para acompanhar a leitura

A HALVA DE JEAN-PAUL SARTRE

37

AS MADELEINES DE EM BUSCA DO TEMPO PERDIDO, DE MARCEL PROUST

Nível de DIFICULDADE

ACHO UMA EXPERIÊNCIA SOBRENATURAL ENTRAR EM UM ELEVADOR E SENTIR O PERFUME DE UM AMOR DO PASSADO. QUANDO ISSO ACONTECE, SOU TRANSPORTADA PARA UM EMARANHADO DE RECORDAÇÕES.

O mesmo ocorre toda vez que o sabor tímido de um bolo de maracujá invade minha boca. Imediatamente me vejo sentada à mesa da cozinha da minha avó.

Marcel Proust batizou essa lembrança provocada pelo olfato e pelo paladar de "memória involuntária". É aquele tipo de lembrança que é trazido à tona por um gatilho qualquer. Pode ser um cheiro, um sabor...

Taí uma coisa maluca. A visão não tem esse poder.

Uma fatia de bolo ou um frasco de perfume não contêm tantas lembranças quando são vistos. Porém, ao levar a fatia à boca ou ao aproximar o perfume do nariz, somos imediatamente atingidos por sensações.

Marcel Proust foi um dos primeiros escritores a falar sobre esse fenômeno.

Certa tarde, em um café de Paris, Proust molhava uma madeleine no café e a levava à boca quando reviveu uma memória da infância.

Pouco tempo depois, ele teve a ideia de escrever a série de livros *Em busca do tempo perdido* (*À la recherche du temps perdu*), que se inicia exatamente com essa cena.

O protagonista de *No caminho de Swann* (*Du côté de chez Swann*) prova o doce francês com chá e imediatamente é levado de volta à infância, na cidadezinha de Combray.

Toda a obra *Em busca do tempo perdido* gira em torno de lembranças e do passar do tempo. Seu autor declarou certa vez que a memória é como um arquivo: se você forçar, ela trará de volta rostos, datas, locais. Mas nunca sensações. Estas estão escondidas nas tais memórias involuntárias.

Lanchinhos para acompanhar a leitura

São elas que fazem de todos nós seres em busca do tempo perdido. Daquele tempo escondido nas empoeiradas gavetas da memória, nas quais se escondem os melhores e piores sentimentos que já vivemos.

Responda agora: quando falamos em memória, qual é o seu gatilho?

Você sabia?

Em busca do tempo perdido foi publicado entre 1913 e 1927. Os sete livros representam o único livro de Proust. Isso porque, por mais que o autor tenha publicado outros contos e textos, todos são considerados esboços de sua obra-prima.

O primeiro livro, *No caminho de Swann*, foi publicado em 1913, depois de ter sido recusado por quatro editoras.

À sombra das raparigas em flor (*À l'ombre des jeunes filles en fleurs*) teve seu lançamento atrasado por causa da Primeira Guerra Mundial, e só se tornou conhecido em 1919.

A partir daí, Proust publicaria um livro por ano: *O caminho de Guermantes* (*Le côté de Guermantes*) saiu em 1921; *Sodoma e Gomorra* (*Sodome et Gomorrhe*), em 1922.

Nesse mesmo ano, depois de passar três meses trancado em casa a fim de concluir sua obra, Proust morreu de pneumonia. *A prisioneira* (*La prisonnière*) foi lançado postumamente, em 1923.

Em 1927 foram publicadas as duas últimas partes de *Em busca do tempo perdido*: *A fugitiva* (Albertine disparue) e *O tempo reencontrado* (*Le temps retrouvé*).

Capitu vem para o jantar

AS MADELEINES DE EM BUSCA DO TEMPO PERDIDO

Ingredientes:

- ¾ xícara (chá) de açúcar
- 2 ovos
- 1 colher (chá) de essência de baunilha
- 1 xícara (chá) de farinha de trigo
- 1 colher (chá) de fermento em pó
- ¾ xícara (chá) de manteiga na temperatura ambiente

Rendimento:

Cerca de 20 madeleines pequenas

Modo de preparar:

Bata o açúcar, os ovos e a essência de baunilha até obter um creme. Junte a farinha, o fermento e a manteiga. Deixe descansar na geladeira por 5 minutos.

Unte com manteiga uma forma especial para madeleines.

Asse em forno preaquecido, em fogo médio, até que as madeleines estejam douradas. Isso varia de fogão para fogão, mas dá por volta de 15 a 20 minutos.

Sirva com chá, por favor.

Dica: Preencha apenas a metade da forma, porque a massa cresce e pode derramar dentro do forno.

O PÃO DE MIGUEL DE CERVANTES

TODOS AS AMARGURAS SÃO MENORES COM PÃO, ESCREVEU MIGUEL DE CERVANTES EM *DOM QUIXOTE*.

Pois eu decidi fazer o pão de Cervantes porque meu pai sugeriu que eu fizesse o pudim.

Confuso? Eu explico.

A Miguel de Cervantes, pai de *Dom Quixote de La Mancha* (*Don Quijote de la Mancha*), é atribuída a autoria da famosa frase: "A prova do pudim está em comê-lo".

Essa expressão significa que você precisa testar a coisa antes de acreditar que ela é realmente boa.

Mas sou obrigada a revelar que Cervantes nunca escreveu esses dizeres. A expressão surgiu em uma tradução de *Dom Quixote* feita em 1701 pelo jornalista inglês Peter Anthony Motteux.

O trecho original escrito dizia na verdade: "Ao fritar dos ovos, o verá".

Motteux substituiu a frase por um ditado já conhecido, e, com o passar dos anos, ela passou a ser atribuída ao próprio autor.

Eu pesquisei sobre o pudim da época de Cervantes e descobri que a iguaria é bem diferente daquela que passou pela sua cabeça agora.

Aposto que veio à sua mente um pudim de caramelo. Acertei? A verdade é que o pudim seria salgado e levaria rins e miúdos de porco.

Acho que ainda não estou preparada para encarar um desafio como esse.

E, bem, já que Cervantes tinha mesmo que dar as caras neste livro, decidi fazer uma receita que realmente surgiu da cabeça dele. "Todas as amarguras são menores com pão", diria o escritor.

Cervantes e Shakespeare

O que Miguel de Cervantes e William Shakespeare têm em comum?

Ambos morreram exatamente no mesmo dia: 23 de abril de 1616.

Cervantes faleceu em Madri, na Espanha; Shakespeare, em Stratford-upon-Avon, na Inglaterra.

Em honra a ambos os autores, a Unesco instituiu o dia 23 de abril como Dia Internacional do Livro.

Capitu vem para o jantar

Você sabia?

Dom Quixote, seu fiel escudeiro Sancho Pança e o cavalo Rocinante formam um dos trios mais conhecidos do universo literário mundial.

A primeira edição da história, lançada em Madri em 1605, surgiu como uma paródia dos romances de cavalaria, que começavam a perder a graça naquele momento.

Viciado nesse tipo de história, o protagonista do livro de Cervantes um dia decidiu viver suas próprias aventuras.

O escritor dedicou dez anos à construção de sua obra-prima. Ele começou a escrever na prisão, para onde foi levado sob a acusação de ter desviado recursos no trabalho de arrecadador de impostos do governo.

Muito embora tenha criado um dos livros mais importantes da história do mundo, Cervantes morreu pobre e sem amigos em 1616.

Ingredientes:
- 50 g de fermento de padaria
- 2½ copos americanos (500 ml) de água morna
- 2 colheres (sopa) de açúcar
- 1 copo americano (200 ml) de óleo
- 1 colher (chá) de sal
- 1 ovo
- 1 kg de farinha de trigo

Rendimento:
2 pães grandes

Modo de preparar:
Misture o fermento à água morna. Leve ao liquidificador o açúcar, o óleo, o sal, o ovo e a água misturada com o fermento e bata por alguns minutos.

Coloque a mistura em uma bacia grande e acrescente o trigo aos poucos, sovando até que a massa desgrude das mãos.

Deixe crescer por 1 hora.

Em uma forma untada com manteiga e polvilhada com farinha, asse em forno médio por mais ou menos 30 minutos.

Lanchinhos para acompanhar a leitura

O PÃO DE MIGUEL DE CERVANTES

43

O SANDUÍCHE DE ROSBIFE DE JOHN KEATS

Nível de
DIFICULDADE

QUANDO ENTREI NAQUELE CHARMOSO SOBRADINHO AO PÉ DA ESCADARIA DA PIAZZA SPAGNA, EM ROMA, senti um misto de excitação e amargura. Finalmente estava prestes a conhecer a residência onde morreu John Keats, em 1821! Ao programar minha viagem de férias naquele ano, o único passeio que considerei obrigatório, mais que o Coliseu, mais que o Vaticano, seria visitar a casa onde um dos meus poetas favoritos sofreu com a tuberculose. Essa doença o privou daquilo que mais amava: comer.

Por meio de seus poemas e cartas é possível ter uma boa noção sobre o apetite voraz do romântico John Keats.

Apetite por comida e por mulheres — exatamente nessa ordem —, mas aqui vamos falar somente de comida.

Keats adorava linguiça, porco, aves e temperos fortes como o gengibre, mas era apaixonado mesmo por sanduíche de rosbife. Ele seria um dos primeiros escritores a mencioná-lo em um de seus livros.

Keats contou, em carta para a amiga Mrs. Wylie, de 6 de agosto de 1818:

"Às vezes, quando estou cansado, deito-me numa pedra e sonho com uma bela mulher cavalgando em seu cavalo. Ela se aproxima de mim e me oferece uma ou duas dúzias de sanduíches de rosbife".

Dois anos depois, em 1820, para se curar da tuberculose, Keats foi obrigado a se mudar para a Itália, país com clima mais ameno que a Inglaterra. Em Roma, ele se hospedou naquele sobradinho que fica aos pés da escadaria da Piazza Spagna.

Amor em carta

"Março, 1820

Itália

Adorável Fanny,

Você teme, algumas vezes, que eu não a ame tanto quanto você deseja?

Nenhuma expectativa de doença foi capaz de mover meus pensamentos em você para longe de mim. Isto talvez seja tanto um assunto de tristeza como alegria — mas eu não falarei sobre isso.

Quando você está no quarto meus pensamentos nunca voam para fora da janela: você sempre concentra todos os meus sentidos inteiramente.

A ansiedade mostrada acerca de nosso Amor em sua última carta é um imenso prazer para mim; entretanto você não deve sofrer tais especulações que a molestem: nem posso eu acreditar que você tenha o menor ressentimento contra mim.

Lembranças à sua mãe

Seu apaixonado

J. Keats"

Seu médico atestou que o problema parecia ainda mais grave que a mera falta de ar: "Grande parte da doença parece estar centrada no estômago".

Por essa razão, receitou uma dieta com leite, pão e anchovas. "O estômago distendido o mantém em fome perpétua e desejo", completou o doutor, em seus escritos.

John Keats morreria meses depois, aos vinte e cinco anos, tuberculoso e faminto. No quarto aberto à visitação é possível ver sua cama, a escrivaninha, a janela com vista para os degraus espanhóis e, mais curioso, uma máscara mortuária. Costume daquele tempo, era moldada com gesso instantes depois de a pessoa ter falecido, como uma espécie de última lembrança.

A máscara de John Keats revela paz e serenidade, talvez até alívio. É possível que ela lhe tenha permitido deixar o sofrimento para trás e encontrar a paz ao se encontrar com uma linda mulher carregando uma cesta recheada de sanduíches de rosbife.

Você sabia?

John Keats nasceu em 31 de outubro de 1795.

Em 1818 conheceu Fanny Brawne, o grande amor da vida dele. Foi durante esse romance que Keats escreveu os seus poemas mais famosos.

Em 1820, com a partida forçada de Keats para Roma, o casal se separou, mas cartas foram trocadas até a morte do poeta, em 1821.

O romance só seria descoberto em 1865, quando, muito doente, Fanny reuniu os filhos, fruto de um casamento realizado quinze anos depois da morte de Keats, e entregou a eles um maço de cartas trocadas com o poeta romântico.

Fanny faleceu meses depois.

Ingredientes para o rosbife:
- 1 kg de filet mignon em peça
- 1 dente de alho amassado
- Sal e pimenta-do-reino
- 1 cálice de conhaque
- 40 g de manteiga

Modo de preparar:
Preaqueça o forno em fogo alto.

Tempere a carne com alho, sal, pimenta e conhaque. Pincele com manteiga e frite em uma frigideira por tempo suficiente para ficar marrom por fora.

Embrulhe em papel-alumínio e leve ao forno alto por 10 minutos. Diminua a temperatura para fogo médio e asse por mais 30 minutos.

Corte em fatias finas e reserve.

Capitu vem para o jantar

O SANDUÍCHE DE ROSBIFE DE JOHN KEATS

Para o sanduíche:
- 4 fatias do rosbife assado
- 1 punhado de rúcula
- 3 colheres (sopa) de creme de ricota temperado com orégano
- 2 fatias grossas do pão de sua preferência

Modo de preparar:
Passe o creme de ricota em cada uma das fatias de pão.
Monte o lanche com o rosbife e as folhas de rúcula.

Dica: Fiz o lanche com o pão caseiro de Cervantes. Ficou uma delícia!

O CACHORRO-QUENTE DE A HORA DA ESTRELA, DE CLARICE LISPECTOR

Na rua da primeira casa onde morei havia uma praça enorme, bem arborizada, onde as crianças se encontravam aos domingos para jogar bola, pular corda ou disputar o balanço improvisado que algum morador havia pendurado em uma das árvores.

Certa vez, uma mulher sentou-se em um dos bancos da praça e observou, em silêncio, durante toda a tarde, as crianças brincarem.

No domingo seguinte, lá estava ela novamente. E no outro, no outro, no outro.

Os moradores começaram a se preocupar com aquela estranha. Algumas mulheres comentavam que só poderia se tratar de uma louca. Minha mãe proibiu meu irmão e eu de frequentarmos a praça sozinhos.

Lembro muito bem da moça. Tinha os cabelos longos tingidos de um loiro muito amarelo. As raízes pretas lhe davam um ar desleixado. Era jovem. Devia ter no máximo trinta anos. Sorria para todo mundo que passava por ela, mesmo que, no fundo, soubesse que não era bem-vinda.

Depois de muitos domingos, as pessoas se acostumaram com a presença da mulher ali, quase um adereço da praça.

Todos a chamavam de louca, mas eu a achava apenas triste.

O curioso é que, durante os meses em que ela seguiu a rotina de visitar o parque todos os domingos, ninguém ousou se aproximar da moça e perguntar de onde vinha, onde morava, o que fazia ali ou simplesmente lhe desejar um bom dia.

Então, em um domingo ela não apareceu, nem no outro, nem no outro. Foi embora com uma história decerto incrível para contar. Só que ninguém ousou lhe perguntar.

Sempre vejo Macabéa de *A hora da estrela* quando me lembro daquela mulher.

O restaurante preferido

O restaurante La Fiorentina, no Rio de Janeiro, era o preferido de Clarice Lispector. Quem conta é a também escritora Nélida Piñon, amiga de longa data da autora de *A hora da estrela*. Clarice costumava ir até lá todos os sábados para comer supremo de frango com batata grisette. Às vezes, ela optava por uma das pizzas do cardápio.

Capitu vem para o jantar

Você sabia?

A hora da estrela foi escrito a mão em pedaços de papel e depois organizado pela datilógrafa de Clarice Lispector, Olga Borelli.

O livro foi lançado em 26 de outubro de 1977, e sua autora foi internada logo em seguida em função de um câncer no ovário.

Clarice faleceu algumas semanas depois, em 9 de dezembro, um dia antes de completar cinquenta e sete anos.

Macabéa, a garota sem graça, sem enfeites, que, aos dezenove anos, jamais se viu nua por morrer de vergonha. Que sorri para as pessoas na rua, mesmo que ninguém lhe sorria de volta.

Atraído por essa aura intrigante, o escritor Rodrigo S. M. decide contar a história da estrela Macabéa. Uma garota tão pobre, tão pobre, que só come cachorro-quente. Mas sua paixão mesmo é goiabada com queijo.

Imagino Clarice Lispector andando pelas ruas do Rio de Janeiro, no ônibus ou no metrô, flagrando uma mulher solitária, sentada sozinha, mas que sabia se divertir consigo mesma.

Uma mulher que, mesmo sem graça, merecia ter sua história contada.

Assim como merecia ser contada a história daquela mulher do parque, se alguém tivesse se aproximado e simplesmente conversado com ela.

Tantos personagens incríveis vivem dilemas tão complexos e bonitos ao nosso redor... Devíamos prestar um pouco de atenção àquela pessoa que cruza conosco na rua.

Isso também me faz pensar: se alguém me observasse no metrô, que história criaria para mim?

Ingredientes:
- 1 tomate picado
- 1 cebola picada
- 1 colher (sopa) de vinagre branco
- Sal e pimenta-do-reino
- 4 pães de cachorro-quente
- Purê feito com 4 batatas
- 4 salsichas cozidas
- ½ xícara (chá) de milho-verde em conserva
- ½ xícara (chá) de ervilha em conserva escorrida
- 1 xícara (chá) de batata palha

Modo de preparar:

Com o tomate e a cebola, faça um vinagrete, temperando a gosto com vinagre, sal e pimenta-do-reino.

Para montar o lanche, abra o pão, espalhe o purê de batata e em seguida deite a salsicha sobre ele. Cubra com vinagrete, milho-verde e ervilha. Por último, acrescente a batata palha.

Lanchinhos para acompanhar a leitura

O CACHORRO QUENTE DE A HORA DA ESTRELA

49

O SANDUÍCHE DE QUEIJO SUÍÇO E LEITE MALTADO DE *O APANHADOR NO CAMPO DE CENTEIO*, DE J. D. SALINGER

Nível de DIFICULDADE

UM CARA RECLUSO E ESTRANHO. FOI O RODRIGO QUEM ME ENSINOU A JOGAR RESIDENT EVIL, por isso atribuo a ele a responsabilidade pelo fato de eu ser viciada em qualquer assunto que gire em torno de zumbis.

Ele usava óculos antigos e malcuidados, cabelo comprido, e seu guarda-roupa parecia armazenar camisetas e mais camisetas do Pink Floyd.

Nosso namoro consistia em assistir a filmes toscos de terror, tomar Coca-Cola e discutir teorias da conspiração.

O fato é que o livro preferido de Rodrigo era *O apanhador no campo de centeio* (*The Catcher in the Rye*), e foi ele quem me obrigou a ler a obra (quase como um requisito para que o nosso relacionamento desse certo).

Ele me contou que o assassino de John Lennon carregava um exemplar dessa obra quando atirou no cantor, e isso me deixou curiosa. O que poderia haver naquelas páginas para influenciar um assassino?

Um clássico da literatura do século XX, *O apanhador no campo de centeio* fala sobre as crises, os dilemas, as dúvidas e a rebeldia comum entre os adolescentes.

Mais importante que tudo, Rodrigo era o retrato fiel do personagem Holden Caulfield.

Ambos tinham dezessete anos, uma péssima vida escolar, apesar de extremamente inteligentes, e compartilhavam a paixão por queijo quente. Holden costumava acompanhar o sanduíche com um copo de leite maltado, enquanto Rodrigo preferia Coca-Cola.

Com o passar do tempo, Rodrigo se foi.

Deixou lembranças que carrego até hoje, como a paixão por zumbis e o disco *The Dark Side of the Moon*.

Lanchinhos para acompanhar a leitura

Fazendo jus ao que Marcel Proust explicou em um dos capítulos deste livro, minha memória traz meu antigo namorado à tona toda vez que ouço falar de *O apanhador no campo de centeio*.

Um dia desses, assistindo a um programa sobre teorias da conspiração, descobri que não é apenas o assassinato de John Lennon que está relacionado a esse livro.

O homem que tentou matar o então presidente norte-americano Ronald Reagan também estava lendo essa obra. O assassino da atriz americana Rebecca Schaeffer revelou ser fã da história.

Para os que defendem essa corrente, o livro representa uma espécie de gatilho da memória que desperta a fúria de potenciais homicidas. À medida que conheci esses relatos, comecei a ficar assustada. Procurei Rodrigo nas redes sociais para checar como ele estava. Teria virado um sociopata?

Para meu alívio, ele não estava nem um pouco parecido com aquele rapaz estranho da adolescência. Havia se tornado professor universitário, estava casado e tinha um filho lindo. Gostava de andar de bicicleta e compartilhava notícias sobre a crise econômica mundial com pontos de vista bastante inteligentes.

Adorava cozinhar e postava fotos de pratos superelaborados. Reparei que não perdeu o gosto por sanduíches de queijo quente, mas agora eles são mais caprichados: levam gorgonzola e especiarias.

Passei horas vendo suas fotos e fui invadida por uma deliciosa saudade. Pensei em mandar uma mensagem ou em adicioná-lo à minha rede de amigos, mas decidi não fazê-lo. Algumas memórias devem ficar intactas.

Coloquei Pink Floyd para tocar e fui até a cozinha fazer queijo quente.

Você sabia?

J. D. Salinger nasceu em 1º de janeiro de 1919 e lançou *O apanhador no campo de centeio* em 1951.

Não gostava muito de aparecer em público, mas em cartas para os amigos deixava clara sua paixão pelos lanches do Burger King.

Capitu vem para o jantar

52

O SANDUÍCHE DE QUEIJO SUÍÇO E LEITE MALTADO DE O APANHADOR NO CAMPO DE CENTEIO

Ingredientes:
- 2 fatias de pão de forma
- 2 fatias de queijo suíço
- 2 colheres (sopa) de manteiga

Modo de preparar:
Monte o lanche com as fatias de queijo entre as de pão. Passe a manteiga nas 2 fatias de pão, só que do lado de fora do sanduíche. Esquente o pão na frigideira até que fique dourado e o queijo derreta.
Sirva com um copo de leite maltado (ou Coca-Cola, se preferir).

O SANDUÍCHE DE SALADA DE OVOS DE FOI APENAS UM SONHO, DE RICHARD YATES

Nível de
DIFICULDADE

ESTE AQUI É UM DAQUELES LIVROS SOCO-NO-ESTÔMAGO, QUE TE PUXAM PELA MÃO, sacodem sua cabeça e te fazem refletir. Ele fala de sonhos soterrados pela rotina dos dias e pela insatisfação latente que parece perseguir todo ser humano ao longo da vida.

É natural sermos pegos pensando no que vivemos nos últimos anos e, quase sempre, nos deprimir com o desfile de quase-coisas que experimentamos até então.

Quase emagreci, quase escrevi um livro, quase fui feliz profissionalmente, quase me casei, quase tive um filho, quase isso, quase aquilo.

É impossível ler *Foi apenas um sonho* (*Revolutionary Road*) e não se ver nas páginas escritas por Richard Yates. Ora somos Frank, com um emprego bem remunerado porém tedioso, rotineiro e sem emoção. Ora somos April, que abandonou o sonho de ser atriz porque se apaixonou e hoje vive a típica rotina de dona de casa, cuidando do marido e filhos e preparando sanduíche de salada de ovos para os convidados.

O livro fala sobre perdas. Sobre viver na inércia, sobrevivendo um dia após o outro e deixando para trás sonhos e desejos, consumidos por aquilo que parecia perfeito: segurança financeira e profissional, mas nada de amor, aventura e frio na barriga para apimentar os dias.

Apesar de parecerem um casal perfeito para amigos e vizinhos, April e Frank têm personalidades opostas.

April é impulsiva e, ao se perceber um dia presa no típico papel de mãe e esposa, se desespera. Ela quer muito mais. Quer ir para Paris, quer viver um grande amor, uma aventura, quer ser invadida pelos sentimentos, quer dançar, quer fazer teatro, ser tudo aquilo que um dia já foi. Grita desesperadamente para ser ouvida, mas é ignorada pelo marido.

Capitu vem para o jantar

Você sabia?

Foi apenas um sonho foi lançado no dia 31 de dezembro de 1961, mas só chegou ao Brasil em 2009, graças ao lançamento da versão cinematográfica da obra, protagonizada por Kate Winslet e Leonardo DiCaprio.
Apesar de ter escrito mais seis livros, os outros trabalhos de Richard Yates não alcançaram o sucesso de *Foi apenas um sonho*, que é considerado um cult da literatura.
O escritor morreu em novembro de 1992 de enfisema pulmonar.

Frank é o cara que trabalha para sustentar a família. Tem um bom cargo, um bom salário. Apesar de não ser feliz, prioriza a segurança.

Para ele, a estabilidade material e a imagem que a família transmite são mais importantes que a realidade por trás da impecável cerca branca do sobrado onde mora o casal.

Apesar de ter sido escrito na década de 1960, o livro de Yates é mais do que atual. As dúvidas e o inconformismo perseguem o ser humano em qualquer tempo e em qualquer idade.

Parece haver um conselho bem sábio por trás da triste história de April e Frank. Eu, pelo menos, terminei o livro reafirmando algo em que sempre acreditei: no que depender de mim, vou escolher sempre o frio na barriga.

Ingredientes:

- 4 ovos
- 4 colheres (sopa) de maionese
- 1 colher (sopa) de mostarda
- ½ xícara (chá) de cebola cortada em rodelas
- 1 colher (chá) de páprica
- Sal e pimenta-do-reino
- 2 fatias de pão de forma
- 1 colher (sopa) de manteiga
- 1 punhado de rúcula

Modo de preparar:

Cozinhe os ovos e, em seguida, descasque-os.
Em uma tigela, junte os ovos picados, a maionese, a mostarda, a cebola, a páprica e tempere a gosto com sal e pimenta.
Passe manteiga nas 2 fatias de pão e frite-as na frigideira só para dourá-las.
Monte o lanche com a salada de ovos e a rúcula e sirva.

Lanchinhos para acompanhar a leitura

O SANDUÍCHE DE SALADA DE OVOS DE FOI APENAS UM SONHO

OS BAGELS DE O DIABO VESTE PRADA, DE LAUREN WEISBERGER

Nível de DIFICULDADE

O BAGEL É O PÃO FRANCÊS DOS AMERICANOS.
Como eu não consigo imaginar o meu café da manhã sem pão francês, compreendo o motivo pelo qual Andrea está sempre se deliciando com um bagel em *O diabo veste Prada* (*Devil Wears Prada*), de Lauren Weisberger.

A versão salgada é a mais conhecida e, no livro, é servida com queijo cremoso, cebolas ou salmão. Mas há também as opções doces.

Trata-se de um bolinho em formato de anel que é cozido em água fervente antes de ir ao forno.

O resultado é um pão macio por dentro e crocante por fora.

Dediquei uma tarde inteira ao preparo desta receita. Escolhi como cobertura manteiga, castanhas, sementes de gergelim e erva-doce.

Ficou ótimo. Servi para um grupo de amigas enquanto falávamos mal dos chefes que já passaram pelas nossas vidas.

Diz a lenda que o primeiro bagel surgiu em 1683 pelas mãos de um padeiro austríaco. O profissional quis homenagear Jan Sobieski, Rei da Polônia, que havia acabado de salvar a Áustria de um ataque turco.

Como o rei era um exímio cavaleiro, o padeiro fez um pão em formato de estribo. Ou, como eles chamavam, um beugel.

Por causa das frias temperaturas do leste europeu, o padeiro decidiu cozinhar o pão em água fervente para acelerar o processo de fermentação.

E esse segredinho é seguido até hoje, fazendo toda a diferença no sabor e na textura da massa. Você vai ver!

Você sabia?

Lançado em 2003, *O diabo veste Prada* conta a história de Andrea Sachs, uma jornalista recém-formada que consegue um estágio na lendária revista *Runway*. A editora-chefe da revista, Miranda Priestly, é conhecida por transformar a vida dos seus funcionários em um verdadeiro inferno.

O interessante é que a Lauren Weisberger viveu uma experiência bem parecida. Ao sair da faculdade, foi trabalhar com a temível Anna Wintour, editora da revista *Vogue* americana. É por essa razão que muitos dizem que a personagem Miranda foi inspirada em Anna.

Lanchinhos para acompanhar a leitura

O bagel foi levado para os Estados Unidos no século XIX e se firmou como o pão típico daquele país.

Tão típico que é vendido em barraquinhas na rua ou encontrado em casas exclusivas, em diversas versões.

Você também pode fazer um sanduíche com ele. De repente, os sanduíches citados por aqui. Que tal?

Ou então sirva com manteiga ou cream cheese enquanto o bagel ainda estiver quentinho.

Ingredientes:

- 1 colher (sopa) de fermento biológico seco
- 1 copo americano (200 ml) de água morna
- 1 colher (sopa) bem cheia de mel
- 3 xícaras (chá) de farinha de trigo para pão tipo forte ou com no mínimo 12% de proteína
- 1 colher (chá) de sal
- 3 ovos
- 1 colher (sopa) de óleo
- Coberturas a gosto, como erva-doce, gergelim, sal grosso, manteiga

Rendimento:

10 bagels

Modo de preparar:

Dissolva o fermento na água morna com o mel. Deixe descansar por 5 minutos.

Em uma tigela grande, coloque a farinha e o sal. Em seguida, junte o fermento dissolvido na água, 2 ovos batidos e o óleo. Misture até incorporar bem os ingredientes e a massa ficar homogênea. Cubra e deixe descansar por 1 hora.

Em seguida, divida a massa em 10 partes e enrole-a no formato de argolas.

Encha uma panela com água e deixe ferver. Coloque os bagels, um a um, na água fervente e deixe cozinhar por cerca de 2 minutos.

Depois, distribua-os em uma forma antiaderente ou forrada com papel-manteiga.

Pincele 1 ovo batido em cima dos bagels e cubra com as coberturas que você escolheu.

Leve ao forno médio preaquecido por cerca de 20 minutos, até que estejam dourados.

Capitu vem para o jantar

OS BAGELS DE
O DIABO VESTE
PRADA

OS COOKIES DE O DIÁRIO DE ANNE FRANK

Nível de DIFICULDADE

LEMBRO PERFEITAMENTE DO PROFESSOR ANGEL, O MELHOR PROFESSOR DE HISTÓRIA QUE TIVE, falando sobre a terrível história da família Frank.

Voltei para casa quase implorando que minha mãe comprasse o diário daquela garotinha.

Anne era uma menina alemã judia que morava com a família em Amsterdã, na Holanda.

Em 1942, aos treze anos, sua família se viu forçada a se esconder em um armazém para não ser capturada pelos alemães. Além de Anne e sua família, também se refugiaram ali um dentista e a família Van Daans.

Ao todo, oito pessoas confinadas durante dois anos sem sequer poder abrir as janelas.

Toda essa trajetória é contada por Anne Frank, que registrou no seu diário, entre 12 de junho de 1942 e 1º de agosto de 1944, as dificuldades de viver naquelas condições, enquanto tentava superar a aflição e as incertezas trazidas pela Segunda Guerra Mundial.

Um mês antes de se esconderem, Anne havia ganhado o diário de presente. Os primeiros relatos são bem infantis: falam sobre a rotina da garota, os trabalhos de escola e os amigos.

Depois de ouvir, pelo rádio, um ministro holandês pedir que todos documentassem as experiências da ocupação do país pela Alemanha, Anne decidiu escrever a história do grupo.

Em uma viagem a trabalho para a Holanda, arranjei um jeitinho de visitar a casa de Anne Frank, que agora é um museu. Os visitantes podem conhecer mais sobre a vida da garota através de depoimentos de sobreviventes do holocausto, cartas, fotos e registros originais do diário. É possível, também, ter uma ideia do que deve

Você sabia?

No dia 4 de agosto de 1944, o local onde Anne Frank se escondia com família e amigos foi descoberto.
Sabe-se que houve uma denúncia anônima, mas o nome do delator nunca foi revelado.
O grupo de Anne foi dissolvido e as pessoas foram enviadas para campos de concentração. Apenas Otto Frank sobreviveu à guerra.
Anne Frank morreu no campo de concentração, mas não na câmera de gás. Ela pereceu de tifo duas semanas antes de os prisioneiros serem libertados pelas tropas inglesas.

Capitu vem para o jantar

O diário

O presente que Anne Frank ganhou no aniversário de treze anos era, na verdade, um caderno para colecionar autógrafos, mas a menina achou que seria melhor utilizá-lo como diário.
Quando o espaço no caderno acabou, ela costurou nele mais dois cadernos e cerca de trezentas folhas soltas.

ter sido viver naquele espaço minúsculo com sete pessoas durante longuíssimos dois anos.

O diário é um choque de realidade. Ele nos faz olhar para o nosso próprio umbigo com um pouco de constrangimento. Às vezes, os nossos problemas não são tão problemáticos como pensamos.

Nunca me esqueci de uma foto em preto e branco de Otto Frank, pai de Anne, exposta no museu. A imagem é um registro da primeira visita dele à casa, anos depois de ter saído de Auschwitz.

Depois que foi libertado, Otto ia todos os dias à estação de trem para esperar os judeus que eram, pouco a pouco, liberados dos campos de concentração. A intenção era rever suas duas filhas, Anne e Margot Frank.

Um dia, nessas idas à estação de trem, ele encontrou um conhecido que lhe deu a terrível notícia. As duas meninas haviam morrido.

Único sobrevivente do grupo que se escondeu naquela casa, Otto se tornou um ativista que durante toda a sua vida lutou contra o preconceito racial.

Foi ele quem decidiu publicar O diário de Anne Frank (Het Achterhuis), lançado em 1947. O livro foi traduzido para mais de setenta idiomas e já vendeu mais de trinta milhões de cópias.

Sabemos de muitas histórias do holocausto de gelar a barriga, e talvez nunca cheguemos a conhecer a fundo os relatos de quem viveu o mesmo que a família Frank.

Contudo, gosto de pensar em Anne Frank como uma menina extremamente corajosa que foi obrigada a amadurecer dez anos em apenas dois. Uma garota divertida, que, mesmo enfrentando aquela situação horrorosa, gostava de ler, escrever e, para se distrair, fazia cookies.

"Eu me transformei em uma expert na arte de cozinhar cookies", ela escreveu.

Ingredientes:

- 3 colheres (sopa) bem cheias de margarina sem sal
- ¾ de xícara (chá) de açúcar
- 1 colher (chá) de essência de baunilha
- 1 ovo
- 1¾ xícara (chá) de farinha de trigo
- 1 colher (chá) de fermento em pó
- 1 pitada de sal
- 100 g de chocolate meio amargo picado

Lanchinhos para acompanhar a leitura

OS COOKIES DE O DIÁRIO DE ANNE FRANK

Modo de preparar:

Em uma tigela, misture a manteiga, o açúcar e a essência de baunilha. Mexa até que todos os ingredientes se incorporem e acrescente o ovo. Aos poucos, adicione a farinha e mexa delicadamente. Adicione o fermento e misture, apenas o necessário para que este seja incorporado também. Por último, acrescente o sal e o chocolate picado.

Em uma forma untada com manteiga e polvilhada com farinha, espalhe bolinhas de massa com bastante espaço entre si. Isso porque no forno as bolinhas esparramam e ficam em formato de cookies.

Leve ao forno preaquecido a 250 graus por 20 minutos.

Rendimento:
10 cookies médios

O RAGU DE ORGULHO E PRECONCEITO, DE JANE AUSTEN

Nível de
DIFICULDADE

LEMBRO DE TER LIDO EM ALGUM LUGAR QUE SEGURAR UM LIVRO NA MÃO É COMO SEGURAR O SONHO DE OUTRA PESSOA. Afinal, há muito por trás daquela narrativa impressa no papel.

Frequentemente nos esquecemos desse detalhe.

Toda boa história tem outra boa história por trás.

É por isso que, apesar de já ter dito que *Razão e sensibilidade* (*Sense and Sensibility*) é meu livro preferido de Jane Austen, também gosto muito de *Orgulho e preconceito* (*Pride and Prejudice*).

Afinal, a história que lemos no papel nada mais é que uma versão daquilo que a própria Jane Austen viveu.

Para começar, o sr. Darcy, um dos personagens mais amados da literatura e um dos protagonistas de *Orgulho e preconceito*, foi inspirado em Thomas Lefroy, jurista irlandês que teve um breve romance com Austen.

Os dois se conheceram em um baile aos vinte anos de idade.

Conta-se que ele era exatamente como o sr. Darcy: um homem rico, de boa família e altivo que se apaixonou pela simples e desbocada Jane Austen.

Ele não se casou com Jane porque o tio de Lefroy, dono da fortuna, não aprovou a união.

Foi durante esse curto romance que Jane começou a escrever *First Impressions*, título provisório do que mais tarde se tornaria *Orgulho e preconceito*.

Lefroy se casou aos vinte e três anos, e dois anos depois teve sua primeira filha, a quem, dizem, nomeou Jane por causa da antiga paixão.

Jane Austen, por outro lado, nunca se casou. Morreu em 1817, aos quarenta e um anos.

Elizabeth Bennet, a protagonista do livro, tem muito da própria Jane Austen.

Ambas são filhas de proprietários rurais do interior da Inglaterra, ambas são consideradas muito à frente do

É tudo guisado

Você pode ficar um pouco confuso diante da semelhança entre esta e as próximas duas receitas. Eu fiquei.

Ragu, boeuf bourguignon e boeuf en daube parecem ser a mesma coisa, mas não são.

O ragu é um guisado de carne feito com vegetais cozidos na água sobre o fogão.

O boeuf bourguignon é um guisado de carne cozido no vinho tinto de Borgonha que vai ao forno. Leva poucos ingredientes.

Por sua vez, o boeuf en daube é um guisado de carne e vegetais cozidos no fogão. Neste último caso, a carne precisa ficar macerando em vinho tinto por vinte e quatro horas.

seu tempo e completamente independentes e críticas à sociedade superficial da época.

Isso fica bem evidente, por exemplo, quando, em um jantar oferecido pelo sofisticado personagem sr. Bingley, Elizabeth é esnobada após dizer que preferia um prato simples ao ragu.

Muitos não sabem que *Orgulho e preconceito* foi o primeiro livro de Jane Austen. Ela terminou de escrevê-lo em 1797 e o deixou de lado após ter sido recusado pelo editor Thomas Cadell.

Começou, então, a se dedicar ao projeto de *Razão e sensibilidade*, este sim a sua primeira obra publicada, em 1811.

Orgulho e preconceito só foi lançado em janeiro de 1813, rendendo cento e dez libras para sua autora. Bem aceito pela crítica, conseguiu até um elogio da esposa de Lord Byron.

Depois disso, Jane Austen lançou um livro por ano. *Mansfield Park* foi publicado em 1814; *Emma*, em 1815. *Northanger Abbey* e *Persuasão* (*Persuasion*) foram lançados postumamente em 1818.

Você sabia?

Charlotte Brontë, autora do clássico *Jane Eyre*, nasceu um ano antes de Jane Austen falecer.

Brontë bebeu muito na fonte de Austen para escrever sua obra. Contudo, não gostou muito de *Orgulho e preconceito*.

Em carta ao crítico literário Lewes, que considerava Jane Austen a maior romancista inglesa, Charlotte afirma que Austen é astuta e observadora, mas não profunda.

Para Brontë, *Orgulho e preconceito* era "um campo cuidadosamente cercado, jardim muito bem cultivado, com bordas bem delineadas e delicadas flores, mas... nenhum país aberto, sem ar fresco, sem colina, nenhum riacho".

Ingredientes:

- ¼ xícara (chá) de farinha de trigo
- Sal e pimenta-do-reino
- 500 g de acém cortado em cubinhos
- ¼ xícara (chá) de óleo
- 1 cebola grande cortada em rodelas
- 1 talo de aipo cortado em rodelas
- 2 cenouras cortadas em rodelas
- 1 dente de alho grande picado
- 1 colher (chá) de orégano
- 1 tomate grande picado
- 1 garrafa de vinho tinto seco de boa qualidade
- 1 copo americano (200 ml) de água
- Salsa picada

Modo de preparar:

Em um prato, misture a farinha, o sal e a pimenta. Cubra os cubos de carne com parte da farinha temperada. Reserve a outra parte.
Em uma frigideira grande, aqueça o óleo e frite a carne apenas para que ela fique dourada por fora. Retire os cubos com uma pinça e reserve em um prato.
Na mesma frigideira, refogue a cebola, o aipo e a cenoura até que os vegetais estejam moles. Adicione o alho e coloque o restante da farinha temperada. Junte também o orégano, o tomate, o vinho e a água.
Em seguida, acrescente os cubos de carne.
Deixe cozinhar com a panela tampada por 20 minutos ou até que a carne esteja macia. Tempere a gosto com sal, pimenta-do-reino e salsa.
Sirva com arroz branco ou massa.

Capitu vem para o jantar

O RAGU DE ORGULHO E PRECONCEITO

O BOEUF BOURGUIGNON DE JULIE & JULIA, DE JULIE POWELL

Nível de DIFICULDADE

JÁ CONTEI NA INTRODUÇÃO DESTE LIVRO QUE A COCADA DE CAPITU E BENTINHO ME DEU A IDEIA DE COZINHAR RECEITAS DOS MEUS ESCRITORES PREFERIDOS.

Para que a aventura ficasse mais interessante, criei o blog Capitu Vem para o Jantar como uma espécie de diário da empreitada.

Em pouco tempo, comecei a receber comentários e percebi que pessoas estavam de fato se divertindo com as confusões que eu vivia na cozinha.

Em dois anos de projeto, li inúmeros livros. Fiz centenas de receitas. Conheci diversos leitores que me indicaram comidinhas que apareciam nas obras que eles estavam lendo. E, claro, aprendi a cozinhar.

O projeto virou reportagem. Virou palestra. Virou jantares para amigos e familiares.

E, agora, virou livro.

Por isso, é inevitável não me ver na história por trás de *Julie & Julia*.

A escritora Julie Powell criou um projeto bastante parecido com o Capitu Vem para o Jantar. Em agosto de 2002, ela inaugurou o blog Julie & Julia.

A ideia era registrar as peripécias da aventura de cozinhar 524 receitas presentes na bíblia gastronômica *Dominando a arte da culinária francesa*, escrito por Julia Child. Tudo isso no período de um ano.

O blog se transformou em um sucesso. Virou livro e em seguida filme, dirigido por Nora Ephron e protagonizado por Amy Adams e Meryl Streep.

Li o livro depois que comecei a me aventurar na tarefa de investigar as receitas citadas em grandes obras da literatura.

Ao virar de cada página, me vi em diversos dilemas vividos por Julie Powell.

Inúmeras receitas não deram certo, eu pensei em desistir algumas vezes, achei que nunca daria para a cozinha, quase explodi a casa, briguei com a família e por aí vai.

Você sabia?

Julia Child, um ícone dos programas de gastronomia da TV, não gostou nadinha do projeto de Julie Powell.

Isso porque Julie era bem sincera em seu blog. Ao preparar as receitas, comentava o que não achava prático ou não dava certo.

Um pouco antes de morrer, em 2004, Julia Child comentou sobre o projeto de Julie:

"Como ela pode dizer que esta receita não funciona? Levamos anos testando."

Capitu vem para o jantar

O blog

A história de Julie Powell é real, e você pode conhecer tudo sobre o projeto no blog dela: juliepowell.blogspot.com.br. O blog não é mais atualizado, mas a história toda continua lá.

O boeuf bourguignon me colocou em uma situação interessante.

Essa foi a receita que Julie Powell escolheu quando um jornalista armou um jantar entre ela e ninguém menos que a editora responsável pelo lançamento de *Dominando a arte da culinária francesa*, de Julia Child.

Powell reflete sobre a receita:

"É perfeito para ocasiões em que alguém põe sua reputação à prova. Foi o prato que Julia Child preparou no episódio inaugural de seu primeiro programa na televisão. Foi o prato que minha mãe fez para impressionar o chefe do meu pai. E, dezoito anos mais tarde, foi o prato que servi para uma pessoa muito importante."

E, bem, para aumentar ainda mais a pompa, peço licença para Julie Powell e completo: foi o prato que decidi fazer para a minha sogra. Uma tarefa maluca e completamente impensada, já que estou falando de uma mulher que é capaz de cozinhar qualquer coisa com os olhos vendados.

Onde raios eu estava com a cabeça quando inventei de fazer uma receita que demora quatro horas para ficar pronta?

E a coisa fica ainda pior.

Inventei de fazer a receita na casa dela. Isso significa que ela acompanhou o passo a passo enquanto eu me mantinha forte em frente à panela de ferro, me segurando bravamente para não sair gritando e pedir uma pizza.

No fim, tudo deu mais do que certo.

E durante muito tempo eu a ouvi elogiar o meu boeuf bourguignon.

"O sabor sempre me vem à cabeça", ela dizia.

Mas sabe como é.

A vida e seus afastamentos. O namoro não durou e, com isso, acabei falando com ela menos do que gostaria.

Contudo, gosto de imaginar que ela sempre vai se lembrar de mim quando ouvir falar no boeuf bourguignon, assim como sempre lembrarei dela quando comer este guisadinho de carne à francesa.

Refeições para discutir uma boa obra

Ingredientes:

- 1 kg de patinho cortado em cubos
- 1 xícara (chá) de azeite
- 1 garrafa de vinho tinto seco da Borgonha
- 2 dentes de alho amassados
- 1 folha de louro
- Sal e pimenta-do-reino
- 1 lata pequena (130 g) de extrato de tomate
- 3 cenouras grandes cortadas em rodelas
- 100 g de manteiga
- 4 cebolas cortadas em pedaços grandes
- 4 colheres (sopa) de farinha de trigo
- 200 g de champignon

Modo de preparar:

Com um papel-toalha seque os cubos de carne para que não soltem água ao serem colocados na frigideira.

Deixe esquentar o azeite em uma frigideira e frite os cubos de carne até ficarem na cor marrom. Só para dar uma tostadinha mesmo.

Retire a carne da frigideira e a coloque em uma panela funda que possa ser levada ao forno.

Despeje o vinho na frigideira para que ele se misture ao caldo que a carne soltou ao ser dourada. Coloque esse caldo em cima da carne na panela.

Despeje na panela 2 copos de água e tempere o caldo com alho, louro, sal e pimenta a gosto e o extrato de tomate. Leve a panela tampada ao forno médio por 4 horas. Dê uma olhadinha de 1 em 1 hora para ver se o caldo não secou. Se isso acontecer, coloque mais um pouco de água.

Enquanto espera, cozinhe as cenouras até elas ficarem bem molinhas.

Em uma frigideira, coloque um pouco de óleo e 100 g da manteiga em cima do óleo. (Isso é feito para a manteiga derreter sem queimar.) Depois que a manteiga estiver derretida, coloque as cebolas cortadas e deixe dourar.

Quando faltar 1 hora para o guisado ficar pronto, retire a panela do forno e acrescente as cebolas e as cenouras. Retorne ao forno por mais 1 hora.

Enquanto isso, prepare o que Julia chama de uma mistura típica francesa de manteiga e farinha: 100 g de manteiga e 4 colheres (sopa) de farinha. Amasse até obter uma pastinha.

Retire a panela do forno e acrescente a mistura. Mexa bastante até dissolver.

Em seguida, coloque os champignons.

Sirva com arroz branco.

Capitu vem para o jantar

O BOEUF
BOURGUIGNON
DE JULIE
& JULIA

O BOEUF EN DAUBE DE AO FAROL, DE VIRGINIA WOOLF

VIRGINIA WOOLF ERA UMA ALMA TALENTOSA, PORÉM COMPLETAMENTE ATORMENTADA.

Sabe-se que mantinha uma relação bastante conflituosa com a alimentação.

Gostava de comer bem, mas culpava a comida quando as crises se aproximavam.

Aliás, quando a aversão à comida chegava ela sabia que o Grande Monstro, como chamava a depressão, estava rondando sua mente.

Em algumas cartas, Virginia descreve receitas saborosas que havia cozinhado para o marido ou convidados. Em outras, considera que parar de comer é assumir o controle do corpo e impedir que a depressão lhe tome por completo.

Quando transporta suas preferências culinárias para as obras, as passagens são sempre saborosas.

Em *Ao farol* (*To the Lighthouse*), seu livro mais autobiográfico, o boeuf en daube é servido em um jantar de família.

"Tudo dependia da comida ser servida precisamente no momento em que estivessem prontos a carne, o louro e o vinho. Tudo precisava ser cozinhado ao ponto. Demorar a servi-los era um completo despropósito."

Nos livros de Virginia, as mulheres vivem entre a sala de jantar e a cozinha e se preocupam em preparar deliciosas receitas. Talvez fosse um recurso de cura para a autora.

Ela evitava a comilança para afastar a depressão, enquanto emprestava suas vontades para as personagens.

Virginia Woolf é conhecida por escrever em fluxos de consciência, uma técnica para deixar fluir os pensamentos dos personagens, em um emaranhado de opiniões e descrições que se confundem e completam. Uma técnica utilizada por ela mesma no dia a dia.

Despedida

"Querido,

Tenho certeza de que enlouquecerei novamente. Sinto que não podemos passar por outro daqueles tempos terríveis. E, desta vez, não vou me recuperar. Começo a escutar vozes e não consigo me concentrar. Por isso estou fazendo o que me parece ser a melhor coisa a fazer. Você tem me dado a maior felicidade possível. Você tem sido, em todos os aspectos, tudo o que alguém poderia ser. Não acho que duas pessoas poderiam ter sido mais felizes, até a chegada dessa terrível doença. Não consigo mais lutar. Sei que estou estragando a sua vida, que sem mim você poderia trabalhar. E você vai, eu sei. Veja que nem sequer consigo escrever isso apropriadamente. Não consigo ler. O que quero dizer é que devo toda a felicidade da minha vida a você. Você tem sido inteiramente paciente comigo e incrivelmente bom. Quero dizer que — todo mundo sabe disso. Se alguém pudesse me salvar teria sido você. Tudo se foi para mim, menos a certeza da sua bondade. Não posso continuar a estragar a sua vida. Não creio que duas pessoas poderiam ter sido mais felizes do que nós.
V."

Capitu vem para o jantar

Você sabia?

Virginia Woolf costumava escrever em pé, com as folhas apoiadas em um cavalete, como se fosse uma pintora. Para ela, escrever era como pintar.

Só dessa forma era possível se afastar da tela para analisar a obra por outra perspectiva.

Logo depois de se casar, ela se matriculou em uma escola de culinária.

Um dia, sem querer, acabou cozinhando o anel de casamento dentro da massa de um pudim.

Em uma carta para a irmã, Vanessa, diz gostar de ficar algumas horas em silêncio analisando como a sua mente poderia descrever as sensações que vivia.

Durante a vida toda, Virginia falou muito em suicídio. E chegou a escrever: "A única experiência que nunca descreverei."

Em seu diário, no dia 8 de março de 1941, vinte dias antes de se matar, ficou registrado:

"Agora com certo prazer percebo que são 19 horas e preciso preparar o jantar. Bacalhau e linguiças. É verdade que, ao escrever sobre eles, de algum modo, tomamos posse de bacalhau e linguiças".

A depressão veio mais forte dessa vez. No dia 28 de março, uma sexta-feira, Virginia redigiu uma carta de despedida para o marido, encheu os bolsos de pedras e mergulhou no Rio Ouse.

Ingredientes:

- 1 garrafa de vinho tinto seco de boa qualidade
- 4 raminhos de tomilho fresco
- Alho picado a gosto
- 1 raminho de alecrim fresco
- Salsa fresca picada
- 500 g de acém cortado em cubos
- 2 tiras de bacon picadas
- 1 cebola grande picada
- 3 cenouras médias descascadas e cortadas em pedaços grandes
- 2 folhas de louro
- 5 colheres (sopa) de farinha de trigo
- ⅓ xícara (chá) de óleo
- Sal e pimenta-do-reino

Modo de preparar:

Em uma tigela, faça uma marinada com o vinho, o tomilho, o alho, o alecrim, a salsa, sal e pimenta-do-reino. Deixe a carne descansar na marinada de um dia para o outro. Após esse período, retire a carne e guarde a marinada.

Frite o bacon e adicione a cebola e o alho. Refogue até a cebola ficar transparente. Reserve.

Em outra panela, esquente o óleo e frite a carne até ficar dourada (cerca de 2 minutos). Com uma pinça, retire a carne e a coloque na panela onde você fritou o bacon, o alho e a cebola. Reserve.

Na panela em que fritou a carne, coloque a farinha. Misture com o caldo que ficou na panela até que a farinha fique marrom e espessa como uma farofa. Lentamente, adicione a marinada, misturando com a farinha. Em seguida, acrescente a carne com o bacon, cebola e alho, a cenoura e a folha de louro.

Deixe cozinhar com a panela tampada em fogo médio por cerca de 1 hora, até que a carne esteja macia, a cenoura cozida e a marinada reduzida a um molho. Prove e corrija, se necessário, o sal e a pimenta.

Sirva imediatamente, com arroz branco ou massa.

Refeições para discutir uma boa obra

O BOEUF EN DAUBE DE AO FAROL

73

A SARDINHA FRITA COM SALADA DE BATATA DE ÉRAMOS SEIS, DE MARIA JOSÉ DUPRÉ

Nível de DIFICULDADE

SARDINHA FRITA SEMPRE ME FAZ LEMBRAR DO MEU AVÔ. SEU ANTÔNIO ERA UM BAIANO PORRETA QUE COSTUMAVA NOS VISITAR DUAS VEZES POR ANO.

Quando planejava a viagem para São Paulo, gostava de ser recebido com o mesmo ritual: macarrão, sardinha frita, paçoca de sobremesa e muito guaraná bem gelado.

Lá em casa nunca tivemos o costume de comer sardinha, o que fazia esse peixe protagonizar nossa mesa apenas duas vezes por ano — quando seu Antônio dava as caras por lá.

Por isso, foi inevitável lembrar dele quando decidi fazer a sardinha de *Éramos seis*.

O livro de Maria José Dupré foi lançado em 1943, com um enredo que gira em torno das lembranças de dona Lola.

Por meio das recordações, ela nos leva a conhecer sua família: o marido, Júlio, e os filhos, Carlos, Alfredo, Julinho e Maria Isabel.

Em certa passagem, dona Lola descobre que Alfredo foi demitido do emprego por ter roubado o chefe. Carlos, o filho exemplar, não deixa passar em branco e começa uma briga que acaba em murros e socos. Dona Lola fica tão atarantada que decide fazer algo simples para o jantar. Algo simples, mas que ela sabe que todo mundo gosta: sardinha frita e salada de batata.

A decisão não foi assim tão boa, pois os irmãos acabaram levando a briga para a mesa, fazendo uma guerra de comida e jogando peixe para tudo que é lado.

Quando decidi fazer as sardinhas, achei que seria interessante reunir a família na casa da minha mãe e re-

Você sabia?

A sardinha foi o primeiro peixe a ser enlatado.

Isso aconteceu em 1809 e foi possibilitado por Napoleão Bonaparte. O imperador pediu que fosse criada uma forma de conservar a comida para que pudesse ser levada ao campo de batalha. Afinal, seus soldados estavam padecendo de desnutrição.

Então, o francês Nicolas Appert desenvolveu a técnica de conservar alimentos em um recipiente hermeticamente fechado após o cozimento.

Graças a isso, os soldados puderam se esbaldar com sardinha.

lembrar as histórias do seu Antônio. (Com a condição de que não houvesse uma guerra de comida, é claro.)

Muitas situações hilárias foram lembradas. Seu Antônio ficaria orgulhoso. Contudo, inevitavelmente, histórias tristes também vieram à tona.

Como a vez em que ele ficou internado e pediu que, assim que saísse do hospital, minha mãe fizesse um pratão de macarronada com sardinha frita.

Ele não saiu, e durante muito tempo as sardinhas ficaram proibidas em casa.

Muitos anos depois, por causa de *Éramos seis*, nos reconciliamos com esse peixe frito e comemos com a mão, lambuzando os dedos sem recato, como seu Antônio gostava de fazer.

Ingredientes para as sardinhas:
- 4 sardinhas médias
- 1 dente de alho picado
- Sal e pimenta-do-reino

Modo de preparar:
Faça um corte na região abdominal do peixe e retire a espinha e as vísceras. Lave bem o interior da sardinha. Depois, retire as escamas com uma faca, como se fosse um ralador, no sentido da cabeça para o rabo. Corte fora a cabeça e o rabo.
Então vem a parte fácil, que é só temperar e fritar em óleo quente.

Para a salada de batata:
- 4 batatas grandes
- 2 ovos
- 1 cebola picada
- Sal
- ¼ xícara (chá) de cebolinha picada
- 1 xícara (chá) de maionese

Modo de preparar:
Descasque as batatas e as coloque para cozinhar.
Cozinhe os ovos.
Depois, pique a batata em quadradinhos e os ovos em rodelas.
Em uma tigela, misture as batatas, os ovos, a cebola e a cebolinha. Tempere tudo com azeite e sal a gosto e adicione a maionese.

Capitu vem para o jantar

A SARDINHA FRITA COM SALADA DE BATATA DE ÉRAMOS SEIS

O PEIXE FRITO DE PAGU

Nível de DIFICULDADE

PAGU É MUITO, MUITO, MUITO MAIS QUE UMA MÚSICA DA RITA LEE.

Patrícia Galvão foi uma jornalista e escritora que lutou muito pela liberdade da mulher.

Com apenas dezoito anos, em meio à Revolução de 1930, defendeu o movimento antropofágico de Oswald de Andrade e a liberação sexual da mulher.

Casou-se com Oswald, com quem lançou o pasquim *O Homem do Povo*, em São Paulo.

No jornal, Pagu mantinha uma coluna feminista chamada "A mulher do povo", na qual defendia que as mulheres fossem donas do próprio nariz.

Ela costumava criticar o feminismo brasileiro, alegando que o movimento se pautava muito no movimento inglês, que priorizava a mulher como mais força no mercado de trabalho.

Segundo Pagu, "ser mulher" era muito mais que ter os mesmos direitos ao trabalho e ao voto.

É claro que ela defendia isso também, mas a sua luta foi mais voltada para a liberdade sexual e autossuficiência amorosa da mulher.

O fato é que eu tenho uma amiga que é apaixonada por Pagu.

Quando comecei esse projeto, foi ela quem me lembrou: "Faz o peixe frito com café".

Foi como um golpe na minha cabeça.

De repente, a memória veio. É claro. O peixe frito com café que Pagu descreve em *Paixão Pagu*: a autobiografia precoce de Patrícia Galvão.

Livro que eu li justamente por indicação dessa amiga.

Trata-se de uma carta que Pagu escreveu para seu segundo marido, Geraldo Ferraz, em 1940 e que foi publicada por seu filho, Geraldo Galvão.

O relato autobiográfico é cheio de sentimento e livre de amarras. Na carta, Pagu fala sobre seu primeiro contato sexual, sobre o conturbado casamento com Oswald de Andrade e sobre a militância política durante o governo de Getúlio Vargas.

Fato que nos leva ao peixe frito com café.

Capitu vem para o jantar

Depois de conhecer Luiz Carlos Prestes e começar a se interessar por sua luta, Pagu vai a Santos, no litoral de São Paulo, para assistir a uma reunião comunista.

Ao chegar ao cais e se encontrar com um companheiro de luta, ela descreve o momento, ressaltando a importância do olfato, do cheiro de peixe frito, maresia, azeite e café...

Você sabia?

Pagu foi a primeira mulher brasileira a ser presa por motivos políticos. Diga-se de passagem, ela foi para a cadeia vinte e três vezes por causa da militância.

Sua carta biográfica foi escrita logo depois de ser libertada, em 1940, quando rompeu com o Partido Comunista.

Ingredientes:
- 2 xícaras (chá) de óleo
- 500 g de manjuba
- ½ xícara (chá) de azeite
- Suco de 1 limão
- Alho, sal e pimenta-do-reino a gosto
- 3 xícaras (chá) de farinha de trigo

Modo de preparar:
Aqueça o óleo em uma panela alta.
Tempere as manjubas com o azeite, o suco de limão, alho, sal e pimenta. Não precisa limpá-las. Passe os peixes na farinha de trigo e os frite em óleo bem quente.
Coloque os peixes fritos em um prato forrado com papel-toalha.
Tempere com azeite.

Refeições para discutir uma boa obra

O PEIXE FRITO DE PAGU

79

A LASANHA À BOLONHESA DE AS BATIDAS PERDIDAS DO CORAÇÃO, DE BIANCA BRIONES

Nível de DIFICULDADE

TODA VEZ QUE ENCONTRO UM PRATO EM ALGUM LIVRO, FICO IMAGINANDO O QUE FEZ O ESCRITOR PENSAR NAQUELA COMIDA E NÃO EM OUTRA.

Será que Machado de Assis comia uma cocada enquanto escrevia *Dom Casmurro*? Será que a mãe de Virginia Woolf costumava fazer o boeuf en daube? Ou, ainda: será que Jane Austen adorava geleia de abricó?

Em alguns casos, nunca saberemos, mas felizmente podemos fazer essa pergunta ao próprio escritor.

No caso de Bianca Briones, foi o que eu fiz. Mas vamos falar sobre o livro primeiro.

Viviane acaba de perder o pai e precisa enfrentar uma nova fase da vida, cheia de descobertas pessoais, enquanto tenta enfrentar o luto. Rafael teve o pai assassinado há alguns anos e acaba de ver quatro pessoas da família morrerem em um acidente de carro.

Ela é a típica patricinha que sempre teve de tudo, do bom e do melhor. Ele é um jovem dedicado, que trabalha em um bar para sobreviver, mora com o primo mais novo, Lucas, mas luta contra o vício em drogas.

Os dois são diferentes, mas são atraídos por essa coisa complicada de lidar com a dor de perder um ente querido.

A lasanha aparece em um momento difícil. Depois da morte do pai, Viviane enfrenta problemas com seu avô, uma figura superprotetora que não aprova o romance da neta com Rafael. Depois de uma briga em casa, ela decide morar com o namorado.

Você sabia?

Bianca Briones escreveu *As batidas perdidas do coração* em apenas trinta e sete dias.

Ela me contou que a história já estava na sua cabeça havia muito tempo: "Como eu era mais nova, tive um pouco de medo de abordar os temas. Em 2013, a história voltou a me tirar o sono, e quando isso acontece só há um caminho: escrever, porque, se eu me opuser, os personagens não me deixam fazer mais nada".

Bianca tinha acabado de perder o avô quando começou a escrever a história de Viviane e Rafael. Esse fato a influenciou bastante na criação do livro e especialmente do personagem do avô de Viviane.

O interessante é que ela usou as atitudes de Viviane para enfrentar aquele momento difícil: "Ao escrever, me perguntava por que não agir como a Vivi em frente aos problemas. Percebi que só dependia de mim. Afinal, se eu estava escrevendo, sabia algumas respostas. Acredito que escrever me faz refletir muito e olhar para as situações de uma perspectiva diferente. Aprendo bastante com meus personagens".

Refeições para discutir uma boa obra

O bad boy nunca se apaixonou na vida, mas está vivendo uma enxurrada de sentimentos estranhos e deliciosos com Viviane, por isso se empolga com a decisão dela.

No primeiro dia que eles passam juntos, Rafael decide mostrar os seus dotes culinários e fazer uma lasanha caseira.

E então, a dúvida: como seria essa tal de lasanha caseira? Como expliquei há pouco, tive a oportunidade de fazer essa pergunta para a escritora.

Bianca Briones me disse que estava trabalhando no livro, escrevendo a passagem do primeiro jantar entre Rafa e Viviane, quando foi tomada por uma dúvida: o que os personagens vão comer?

Ela parou um minuto, se virou para um dos dois filhos e perguntou: o que você mais gosta de comer?

A resposta do pequeno foi objetiva: "A sua lasanha!"

Bianca me explicou que a lasanha dela é feita com carne moída, queijo, presunto e requeijão.

Nada mal ter uma receita cedida pela própria escritora, não?

Ingredientes:
- 5 tomates
- 500 g de carne moída
- Azeite a gosto
- 1 cebola bem picadinha
- Sal e alho a gosto
- 250 g de massa pronta de lasanha
- 200 g de presunto
- 200 g de muçarela
- 1 copo de requeijão
- Queijo parmesão ralado a gosto

Modo de preparar:
Coloque os tomates em uma panela e deixe em fogo baixo até amolecer. Em seguida, passe pelo processador e reserve.

Em outra panela, refogue a carne moída com azeite, cebola, alho e sal. Depois de pronta, acrescente o molho de tomate e deixe ferver.

Para montar a lasanha, é simples. Uma camada de molho, uma camada de massa de lasanha, uma camada de presunto, uma camada de muçarela, uma camada de requeijão. Repita o processo: massa, molho, presunto, queijo e requeijão. Finalize com uma camada de massa e molho. Polvilhe com parmesão ralado e leve ao forno médio por 25 minutos.

Capitu vem para o jantar

82

A LASANHA À BOLONHESA DE AS BATIDAS PERDIDAS DO CORAÇÃO

O NHOQUE DE A IRMANDADE DA UVA, DE JOHN FANTE

Nível de
DIFICULDADE

FOI ASSIM QUE ACONTECEU: EM UM SÁBADO DE MANHÃ, EU ACORDEI, FUI ATÉ A SALA, DEITEI NO SOFÁ E VI UM LIVRO SOBRE A MESA.

Era um livro que meu irmão vinha lendo havia uma semana, levando-o embaixo do braço para todo lugar.

A irmandade da uva (*The Brotherhood of Grape*), de John Fante.

Abri na primeira página, e pronto: fui tomada pela narrativa.

Só saí daquele sofá no domingo à noite, depois que terminei de ler.

John Fante tem o dom de amarrar uma linha na outra para que o leitor só consiga parar de ler quando a história termina.

Fiquei tão apaixonada pela sua escrita que logo procurei outras obras, como o incrível *Pergunte ao pó* (*Ask the Dust*). (Recomendo fortemente que você faça o mesmo.)

A irmandade da uva foi lançado originalmente em 1977, mas só chegou ao Brasil em 2013. Fala sobre a conturbada relação entre Henry Molise e seu pai, Nicholas.

Depois de uma crise familiar, Henry viaja até a sua cidade natal com o propósito de acalmar os ânimos dos parentes.

Lá ele encontra a mãe, sempre apegada à cozinha, com seus cheirosos, deliciosos e magníficos nhoques servidos com carne de vitela; os irmãos, insatisfeitos e acomodados com a vida, e, claro, Nicholas, o pai alcoólatra, descrito da seguinte maneira:

"Desgostava de quase tudo, particularmente da mulher, dos filhos, dos vizinhos, da sua igreja, do padre, da sua cidade, do seu estado, do seu país e do país onde havia emigrado. Não dava a menor importância ao mundo também, ao sol e às estrelas, ou ao universo, ao céu ou ao inferno. Mas gostava de mulheres".

A relação entre Henry e Nick sempre foi conturbada, em parte porque Henry optou por se tornar escritor em vez de seguir a carreira do pai, pedreiro.

Você sabia?

John Fante nasceu em 1909 e ficou conhecido pela série protagonizada por Arturo Bandini.

Arturo nada mais é que o alter ego do escritor, e aparece em quatro livros semiautobiográficos: *Espere a primavera, Bandini* (*Wait until Spring, Bandini*), *Rumo a Los Angeles* (*The Road to Los Angeles*), *Pergunte ao pó* e *Sonhos de Bunker Hill* (*Dreams from Bunker Hill*).

Em 1955, Fante foi diagnosticado com diabetes. Em decorrência da doença, ficou completamente cego em 1978, mas nunca deixou de trabalhar.

Seu último livro, *Sonhos de Bunker Hill*, lançado em 1982, foi ditado para a esposa Joyce. O escritor morreu no ano seguinte.

Capitu vem para o jantar

Influência

John Fante influenciou diversos escritores ao longo da carreira, mas talvez o mais importante tenha sido Charles Bukowski, que inventou o seu alter ego, Henry Chinaski, inspirado em Arturo Bandini.

Por sinal, em diversos livros de Bukowski o personagem Chinaski afirma que seu escritor favorito é John Fante.

Nessa visita familiar, ele decide ajudar Nick com um último trabalho.

Regado a muito, muito vinho, o encontro acaba aproximando pai e filho e meio que remendando, aos trancos e barrancos, os problemas do passado.

Essa é uma obra emocionante sobre relações familiares, mas também muito irônica. Garanto que você vai adorar as histórias da família Molise.

Ingredientes para o molho:
- 2 kg de tomates maduros cortados ao meio, sem semente e sem casca
- 2 dentes de alho amassados
- 1 cebola pequena picada
- 6 colheres (sopa) de azeite
- 4 folhas de manjericão fresco
- Uma pitada de cominho
- Sal
- Queijo parmesão ralado

Modo de preparar:
Em uma panela com água, cozinhe os tomates até amolecerem. Depois de cozidos, bata os tomates no liquidificador. Refogue o alho e a cebola no azeite. Em seguida, acrescente o tomate batido. Adicione as folhas de manjericão e o cominho.

Cozinhe em fogo baixo por 10 minutos e despeje sobre o nhoque. Polvilhe queijo parmesão ralado.

Para o nhoque:
- 7 batatas médias
- 1 xícara (chá) de farinha de trigo
- Sal

Modo de preparar:
Cozinhe as batatas em água até que estejam macias. Escorra e descasque. Passe as batatas pelo espremedor ainda quentes. Se não tiver espremedor, basta amassá-las bem com uma colher.

Em uma tigela, junte as batatas amassadas, adicione a farinha e o sal aos poucos. Amasse bem.

Coloque a massa sobre uma mesa enfarinhada e faça rolinhos. Corte cada rolinho em pedaços de mais ou menos 2 cm.

Leve ao fogo uma panela com bastante água temperada com sal. Quando a água levantar fervura, vá colocando os nhoques e deixe cozinhar até começarem a subir e boiar.

Coloque as bolinhas do nhoque no escorredor de macarrão. Em uma tigela com água fria, mergulhe o escorredor com o nhoque para dar um choque térmico nele. Escorra e coloque o nhoque em um refratário.

Refeições para discutir uma boa obra

O NHOQUE DE A IRMANDADE DA UVA

85

O FRANGO ASSADO DE DRÁCULA, DE BRAM STOKER

Nível de DIFICULDADE

12 DE SETEMBRO

Querido sr. Jonathan Harker,

Eu soube da situação dramática que o senhor viveu durante sua viagem à Transilvânia.

Peço desculpas pelo atraso de alguns anos, pois tive que digerir os acontecimentos com paciência e aflição, mas venho por meio desta expressar minha opinião sobre o ocorrido.

Fiquei ultrajada ao saber que o Conde Drácula demonstrou ser um monstro.

Não tive a oportunidade de conhecê-lo, mas soube por fontes seguras que sempre foi um homem muito distinto.

O que será agora daquele imponente castelo? Uma tristeza cair nas mãos desses corretores oportunistas.

Oh, oh. Lembrei-me só agora de que o senhor costumava trabalhar como corretor.

Desculpe-me, sr. Jonathan, mas o amigo há de concordar que hoje em dia não podemos mais nos render a esses serviços. Os preços dos apartamentos estão pela hora da morte.

Os boatos correm.

Chegou aos meus ouvidos que nossa grande amiga Lucy foi afetada pelo Conde Drácula. O senhor sabe que não sou inclinada a falatório, mas o que se pode fazer se falam algo perto de mim e eu consigo ouvir mesmo sem querer?

Devo dizer que não me surpreendo. Lucy sempre foi dada a essas... aventuras.

Você sabia?

Bram Stoker nasceu na Irlanda em 1847 e sempre gostou muito de histórias sobre vampiros.

Passou anos pesquisando a mitologia sobre o assunto antes de começar a escrever aquela que seria a obra mais importante sobre o tema.

Drácula começou a ser escrito em 1890 e foi publicado em 1897.

Depois de lançado, Arthur Conan Doyle, criador de *Sherlock Holmes*, enviou uma carta para Stoker que dizia o seguinte:

"Estou certo de que você não vai pensar que é uma impertinência se eu escrever para lhe dizer o quanto eu gostei de ler *Drácula*. Eu acho que é a melhor história de vampiro que li em muitos anos. Quero parabenizá-lo com todo o meu coração por ter escrito um livro tão bem".

Refeições para discutir uma boa obra

Contudo, querido amigo, fiquei irremediavelmente chocada ao ouvir que Mina, sua noiva, também andou se encontrando com Drácula na calada da noite.

Oh, sr. Jonathan. Posso imaginar sua aflição.

Também gostaria de pedir o contato daquele qualificado senhor chamado Van Helsing.

É sempre bom ter a quem chamar caso um dia eu viva algo parecido. Os céus hão de querer que não. Mas o senhor sabe o que dizem: é melhor prevenir.

Quero aproveitar esta carta também para dizer que, depois de ficar completamente desesperada com seu relato, estou curiosíssima a respeito daquela primeira refeição que Conde Drácula lhe serviu em seu castelo.

Oh, querido amigo, não desconfiou mesmo que algo de estranho acontecia por ali?

O Conde Drácula lhe serviu um apetitoso frango assado com queijos e saladas e não comeu nada? Que falta de requinte!

Acharia muito presunçoso, se não for dolorido, se render às memórias, se eu lhe pedisse a receita?

Por aqui tudo vai bem.

Mande um abraço a Mina e um beijo ao pequeno Quincey.

Sua amiga,

Denise

Ingredientes:
- 1 frango médio inteiro já limpo
- 1 colher (sopa) de azeite
- Sal e pimenta-do-reino
- 1 colher (chá) de orégano seco
- 1 colher (chá) de manjericão seco

Modo de preparar:
Preaqueça o forno em temperatura média. Lave o frango em água corrente, seque com papel-toalha, coloque-o em uma forma e o lambuze com azeite. Em seguida, cubra a ave com os temperos. Leve ao forno embrulhado em papel-alumínio e asse na temperatura média por 20 minutos.

Diminua a temperatura para fogo baixo e deixe o frango assando por mais 40 minutos.

Capitu vem para o jantar

O FRANGO ASSADO DE DRÁCULA

A PIZZA MARGHERITA DE COMER, REZAR, AMAR, DE ELIZABETH GILBERT

Nível de DIFICULDADE

Já contei sobre minha viagem à Itália quando falei sobre o sanduíche de rosbife de John Keats.

O que não contei é que voltei apaixonada pela pizza italiana.

Para começo de conversa, uma pizza individual por lá tem o mesmo tamanho da pizza familiar aqui do Brasil.

E, claro, tem a massa, o verdadeiro molho de tomate, meu Deus, a muçarela.

Viajei com uma amiga e não demorou muito para percebermos que uma pizza individual era suficiente para nós duas.

Era uma escolha deliciosa e econômica, já que gastávamos cerca de sete euros com uma pizza e duas Coca-Colas.

Durante a viagem, quisemos conhecer alguns lugares citados em livros.

Um exemplo foi a casa onde John Keats faleceu. Como garotas apaixonadas por histórias de amor protagonizadas por mulheres fortes, tivemos que conhecer também os cenários de *Comer, rezar, amar*.

Depois de um divórcio conturbado e um ano sabático para descobrir o que queria fazer da vida, a escritora Elizabeth Gilbert escreveu suas memórias, que acabaram publicadas com o título *Comer, rezar, amar* (*Eat, Pray, Love*), lançado em 2006.

Um dia, Elizabeth largou tudo e mergulhou em uma experiência diferente durante um ano. Itália, Índia e Bali foram os destinos.

No fim, mais do que conhecer lugares incríveis, a viagem acabou sendo um mergulho dentro de si mesma.

Ok. O que importa para esta receita é a Itália. É lá que a narradora descobre o que ela define como "a melhor culinária do mundo".

Pizzas, massas e sorvetes italianos fazem a cabeça de Elizabeth.

Você sabia?

Comer, rezar, amar vendeu mais de quatro milhões de exemplares e figurou por quase um ano como o livro mais vendido da lista do *The New York Times*.

Em 2010, a obra virou filme, dirigido por Ryan Murphy e protagonizado por Julia Roberts.

Contudo, o filme não foi bem aceito na Itália. Para críticos daquele país, os personagens italianos eram caricatos demais.

Capitu vem para o jantar

Margherita

Esse sabor de pizza foi criado em 1889 pelo pizzaiolo Rafaelle Esposito.

O motivo? Homenagear a rainha Margherita di Savoia durante sua visita à cidade de Nápoles.

Os ingredientes foram escolhidos de uma forma que as cores fizessem referência à bandeira da Itália: a muçarela de búfala representa o branco; o manjericão representa o verde; e o tomate, o vermelho.

Enquanto curte as paisagens do país, ela decide fazer um intercâmbio de línguas que consiste em se encontrar com um italiano para que ambos treinem a língua do outro.

É Giovanni, o professor, que dá a dica: Uma vez em Nápoles, peça a pizza margherita com queijo extra.

Assim como Elizabeth, me apaixonei por aquele país acolhedor, um grande museu a céu aberto, e sua culinária.

(Tudo bem, os homens italianos também não são de jogar fora.)

Deixei um pedaço do meu coração em cada viela de Verona, em cada café de Roma, nas ruínas de Nápoles, nos canais de Veneza, nas pizzarias de Nápoles...

Em troca, eu trouxe de lá uns pneuzinhos a mais por causa da legítima pizza italiana, que é de morrer de amores.

Ingredientes para a massa:
- 700 g de farinha de trigo
- 2 colheres (sopa) de fermento biológico seco
- 1 ½ xícara (chá) de água morna
- ½ xícara (chá) de azeite
- 1 colher (sopa) de sal
- 1 colher (sopa) de açúcar

Modo de preparar:
Misture os ingredientes secos em uma vasilha. Depois adicione o azeite e a água. Sove até a massa desgrudar das mãos.

Deixe descansar na geladeira por 2 horas até dobrar de volume.

Abra a massa em uma mesa polvilhada com farinha.

Preaqueça o forno em fogo baixo por 15 minutos.

Passe o molho de tomate na massa e leve ao forno para pré-assar por 5 minutos.

Em seguida, coloque os outros ingredientes do recheio e retorne a pizza ao forno para terminar de assar, por cerca de 7 minutos.

Para o recheio:
- Molho de tomate (faça o molho da receita do nhoque de John Fante, na página 84)
- 100 g de muçarela de búfala
- Tomate em rodelas
- Manjericão e orégano a gosto

Modo de preparar:
Depois de tirar a massa pré-assada do forno, cubra com o queijo, as rodelas de tomate e as folhas de manjericão.

Salpique o orégano só quando retirar a pizza do forno.

Refeições para discutir uma boa obra

A PIZZA MARGHERITA DE COMER, REZAR, AMAR

O BUFRITO DE QUEM É VOCÊ, ALASCA?, DE JOHN GREEN

Nível de
DIFICULDADE

DEMOREI MUITO TEMPO PARA LER AS OBRAS DE JOHN GREEN.

Me rendi a *A culpa é das estrelas* (*The Fault in Our Stars*) por causa de uma amiga. Ela jurou que eu iria gostar, porque o livro tem risoto que eu tinha que fazer.

Acatando a sugestão dela, li o livro e encontrei com o bendito risoto de cenoura roxa, o que parecia ser uma ótima receita para o projeto, mas a verdade é que percorri quase todos os mercadinhos de São Paulo e não encontrei a cenoura roxa.

Também sugerido pela mesma amiga — que, como já ficou claro, é fã de John Green —, parti para outra obra do escritor, *Quem é você, Alasca?* (*Looking for Alaska*).

Dessa vez deparei com o bufrito, que nada mais é que um burrito de feijão, só que... frito.

A história desse livro se inicia com Gordo entrando na escola preparatória Culver Creek. Lá ele conhece Chip, o Coronel, seu colega de quarto, e Alasca Young, uma garota autodestrutiva — um mistério ambulante.

No refeitório, todos comem o famoso bufrito preparado por Maureen, a cozinheira do colégio.

É da seguinte maneira que Gordo descreve seu primeiro encontro com o prato:

"O bufrito, um burrito de feijão frito, era a prova definitiva de que a fritura sempre melhorava a comida.

Naquela tarde, sentado com o Coronel e mais cinco rapazes desconhecidos numa mesa redonda do refeitório, enterrei os dentes no invólucro tostadinho do meu primeiro bufrito e tive um orgasmo gastronômico.

Você sabia?

Quem é você, Alasca? foi o primeiro livro de John Green, lançado em 2005. A história foi inspirada na própria experiência do escritor na escola Indian Springs, no Alabama.

A editora Dutton, que publicou a primeira edição, lançou uma edição comemorativa de dez anos, que pode ser encontrada também no Brasil.

Nela, John Green escreve na introdução: "A história que eu queria contar era sobre jovens cujas vidas são transformadas por uma experiência que eles só conseguirão compreender com o tempo".

Refeições para discutir uma boa obra

Minha mãe cozinhava bem, mas pensei imediatamente em levar Maureen para o feriado de Ação de Graças".

Quem é você, Alasca? fala das primeiras relações importantes que definem o nosso caráter. O primeiro melhor amigo, o primeiro amor.

Fala também de algumas situações que, mesmo complicadíssimas, têm um papel importantíssimo para nos transformar em adultos melhores.

Aposto que você vai se ver nas páginas desse livro em algum momento.

Ingredientes para a massa:
- 1 xícara (chá) de farinha de trigo
- 1 xícara (chá) de farinha de milho
- ⅓ xícara (chá) de leite
- 1 colher (sopa) de óleo
- 1 colher (chá) de sal

Para o recheio:
- 1 cebola picada
- 2 colheres (sopa) de azeite
- Sal
- 1 pimentão verde pequeno picado
- 1 tomate picado
- 1 colher (sopa) de pimenta jalapeño picada
- 1 xícara (chá) de feijão-preto cozido
- 100 g de queijo cheddar cortado em tiras
- 2 xícaras (chá) de óleo

Modo de preparar:

Misture todos os ingredientes da massa até que a mistura fique bem lisinha.

Divida a massa em cinco bolinhas e depois as abra com um rolo de macarrão, deixando-as em formato de círculo. Reserve.

Em uma panela, refogue a cebola com azeite e sal. Em seguida, acrescente o pimentão, o tomate, a pimenta e o feijão-preto. Tempere a gosto.

Recheie as massas com 2 colheres (sopa) do recheio, acrescente o queijo e enrole como panquecas.

Em uma frigideira, acrescente o óleo e deixe esquentar. Depois que estiver bem quente, baixe o fogo para médio e frite os burritos.

Capitu vem para o jantar

O BUFRITO DE QUEM É VOCÊ, ALASKA?

A BERINJELA RECHEADA DE O AMOR NOS TEMPOS DO CÓLERA, DE GABRIEL GARCÍA MÁRQUEZ

Nível de DIFICULDADE

O AMOR NOS TEMPOS DO CÓLERA (EL AMOR EN LOS TIEMPOS DEL CÓLERA) CONTA A HISTÓRIA DE AMOR DE FERMINA E FLORENTINO.

Florentino é telegrafista e conhece a jovem Fermina ao entregar cartas para o pai dela.

Eles passam anos se correspondendo às escondidas, até que Florentino finalmente a pede em casamento. Fermina reluta um pouco, mas responde que casa com a condição de que ele nunca a faça comer berinjela.

O pavor de berinjela a persegue desde pequena, quando seu pai a obrigou comer sozinha um ensopado que daria para seis pessoas. Depois disso, ela teve que tomar óleo de rícino para se curar do castigo.

Como se o trauma não fosse suficiente, Fermina achava que berinjela tinha cor de veneno.

O caso é que o pai de Fermina descobre as cartas de amor entre os dois e leva a filha para outra cidade.

Os pombinhos ainda se comunicam por cartas durante dois anos, até que, um belo dia, Fermina se casa com o médico Juvenal Urbino.

A jovem chega a ser feliz no casamento, mas precisa enfrentar a sogra, que faz berinjela todo santo dia em homenagem ao marido morto.

Em um jantar, Fermina prova um dos pratos e se apaixona. Não sabe o que é, mas repete a delícia.

Até que descobre que se trata de purê de berinjela. A partir daí, a berinjela passa a ser servida em abundância todos os dias, nas suas mais variadas formas, incluindo a versão recheada. O marido fica muito feliz.

"Eram tão apetecidas por todos que o doutor Juvenal Urbino alegrava os tempos livres da velhice dizendo que queria ter outra filha para lhe pôr o nome bem-amado na casa: Berinjela Urbino."

Capitu vem para o jantar

Você sabia?

O amor nos tempos do cólera foi publicado em 1985, inspirado na história de amor dos pais do escritor.

O pai, Gabriel Elígio García, era telegrafista e se apaixonou por Luiza Márquez.

No entanto, o romance não foi aprovado pelo pai da moça, o coronel Nicolas, que impediu o casamento enviando a filha para o interior pelo período de um ano.

Mesmo assim, o namoro prosseguiu por meio de cartas. Para nossa sorte, os dois se casaram e tiveram onze filhos, entre eles Gabriel García Márquez, conhecido como Gabo.

Ingredientes:
- 2 berinjelas médias
- 1 paio pequeno picado
- 1 pedaço pequeno de bacon picado
- 250 g de carne moída
- Alho e cebolas picados
- 1 folha de louro
- Sal e pimenta-do-reino
- 1 punhado de azeitonas
- 1 lata de molho de tomate
- 60 g de queijo parmesão ralado

Modo de preparar:

Corte as berinjelas em rodelas grossas e as cozinhe em água com sal até que estejam macias. Reserve.

Em uma panela, doure o alho, a cebola, o bacon e o paio e em seguida acrescente a carne moída. Deixe fritar na gordura do bacon. Tempere com sal, pimenta e a folha de louro.

Em seguida, acrescente o molho de tomate, as azeitonas e a polpa das berinjelas cozidas. Espere até que o molho comece a ferver.

Recheie as rodelas das berinjelas com a carne, polvilhe queijo parmesão e leve ao forno médio por apenas 10 minutos, o suficiente para o queijo derreter.

Refeições para discutir uma boa obra

A BERINJELA RECHEADA DE O AMOR NOS TEMPOS DO CÓLERA

97

A PAELLA DE POR QUEM OS SINOS DOBRAM, DE ERNEST HEMINGWAY

Nível de DIFICULDADE

A LITERATURA DE HEMINGWAY É CONHECIDA POR SER BEM AUTOBIOGRÁFICA.

Muito do que acontecia de importante na vida do escritor acabava hora ou outra se transformando em romance.

É claro que a paixão de Hemingway pela paella espanhola teria que ser transportada para algum livro.

Certa vez, ele decidiu aprender a preparar o prato. Pediu ajuda para Emilio González, na época proprietário do restaurante Botin, o mais antigo do mundo, inaugurado em Madri em 1725.

Quando descobri esse inusitado pedido de Hemingway, entrei em contato com Carlos Gonzáles, neto de Emilio e atual proprietário do restaurante.

"Hemingway tinha uma relação muito especial com o Botin", contou-me um animado Carlos.

O restaurante é citado no livro *Morte na tarde* (*Death in the Afternoon*, 1932) e na cena final de *O sol também se levanta* (*The Sun Also Rises*, 1926).

Nas últimas duas páginas desse livro, os protagonistas comem leitão assado e bebem várias garrafas do vinho La Rioja Alta.

Vale dizer que o leitão assado é a especialidade do Botin e um dos pratos mais pedidos até hoje. É assado em um forno a lenha que já tem mais de trezentos anos.

Mas... e a paella?

Deu-se que Hemingway se encontrou com Emilio no restaurante para aprender a fazer esse prato típico da culinária espanhola. Mas, conforme Carlos me contou, o resultado não foi o esperado.

"Por fim, eles concordaram que cada um deveria continuar a se dedicar ao que sabiam fazer: Hemingway com a literatura e meu avô com a cozinha", brincou o atual proprietário do Botin.

Você sabia?

Por quem os sinos dobram é considerado o melhor livro de Hemingway.

Essa obra começou a ser escrita em 1939, enquanto o autor morava em Cuba. A intenção era colocar no papel um pouco da experiência vivida enquanto ele cobria a Guerra Civil Espanhola.

Parte dessa história também está contada no filme Hemingway & Gellhorn, protagonizado por Clive Owen e Nicole Kidman.

Refeições para discutir uma boa obra

A paella pode não ter saído tão gostosa, mas mereceu uma referência em *Por quem os sinos dobram* (*For Whom the Bell Tolls*).

Pedi a Carlos a receita da paella que Hemingway tentou fazer.

"Ah, uma paella simples, de pescados e mariscos", respondeu ele.

E aqui está ela.

Ingredientes:

- Azeite
- Alho a gosto
- 2 cebolas roxas picadas
- 200 g de mexilhões
- 2 lulas cortadas em rodelas
- 1 kg de camarões pequenos
- Açafrão a gosto
- 3 tabletes de caldo de camarão
- Sal e pimenta-do-reino
- 2 xícaras (chá) de arroz parboilizado
- 1 lata de ervilha
- 150 g de azeitonas pretas
- 3 pimentões
- Salsa e cheiro-verde
- 4 ovos cozidos para enfeitar

Modo de preparar:

Esquente o azeite e doure o alho. Em seguida, acrescente as cebolas picadas. Junte os mexilhões e a lula. Deixe dourar e coloque os camarões, o açafrão e os tabletes de caldo de camarão. Tempere com sal e pimenta.

Cozinhe o arroz à parte e acrescente à paella quando os camarões começarem a ficar rosados. Junte as ervilhas, as azeitonas e 2 pimentões. Por último, acrescente a salsa e o cheiro-verde.

Enfeite com os pimentões, os ovos cozidos e as azeitonas.

Capitu vem para o jantar

A PAELLA DE POR QUEM OS SINOS DOBRAM

A BACALHOADA DE O PRIMO BASÍLIO, DE EÇA DE QUEIRÓS

SEMPRE GOSTEI MUITO DE EÇA DE QUEIRÓS. O PRIMO BASÍLIO, POR SINAL, É UM DOS MEUS LIVROS FAVORITOS.

Tem a ver com a época em que li a obra, um momento em que eu começava a despertar para a leitura. E, bom, para alguém que começa a se apaixonar por livros, conhecer Eça de Queirós é uma delícia.

O cara mandava muito bem com as palavras.

Toda a descrição de ambiente, roupas e sarcasmo nos transporta para Portugal do fim do século XIX.

Além disso, estamos falando de alguém que naquela época decide trazer à tona discussões ácidas sobre adultério (*O primo Basílio*), religião (*O crime do padre Amaro*) incesto (*Os Maias*) e artificialismo social (*A cidade e as serras*).

Eça sempre criticou as relações sociais e a burguesia em Portugal. Tanto que frequentemente colocava sua terra natal em conflito com Paris. (Vale lembrar que ele mesmo se mudou para Paris e por lá ficou, morrendo na Cidade Luz em 1900.)

O conflito fica bem claro em *A cidade e as serras* e em *O primo Basílio*. O personagem-título deste último romance é um parente distante que vive em Paris e que, por isso, é exemplo de homem culto, inteligente e moderno, alvo da paixão doentia de Luísa.

Luísa, a inocente e bela Luísa, é casada com Jorge, um bem-sucedido engenheiro de Lisboa. O casal vive com a amarga e vingativa empregada Juliana. Um monstro, mas cozinha como ninguém.

"E, como Juliana entrava com o bacalhau assado, fez-lhe uma ovação!

— Bravo! Está soberbo!

Tocou-lhe com a ponta do dedo, gulosa; vinha louro, um pouco toscado, abrindo em lascas.

— Tu verás — dizia ela. — Não te tentas? Fazes mal!

Teve então um movimento decidido de bravura, disse:

Capitu vem para o jantar

Você sabia?

Quando fui a Lisboa, tive oportunidade de provar diferentes tipos de pratos feitos com bacalhau.

Uma vez, em um restaurante, pedi uma porção de arroz para acompanhar o prato. O garçom olhou para minha cara, levantou a sobrancelha e disse: "Oras, tinha que ser brasileira".

E aí ele me deu a dica. O tradicional bacalhau à portuguesa é servido apenas com torradas e batatas.

Vivendo e aprendendo.

— Traga-me um alho, Sra. Juliana! Traga-me um bom alho! [...] Ah! Obrigada, Sra. Juliana! Não há nada como o alho!...

Esborrachou-o em roda do prato, regou as lascas do bacalhau de um fio mole de azeite, com gravidade.

— Divino! — exclamou."

Em determinado momento, Jorge precisa viajar a trabalho e deixa Luísa sozinha. Não sem antes alertá-la para o fato de não querer Leopoldina em casa.

Leopoldina é uma antiga amiga de Luísa, conhecida por ser desbocada e cheia de vontades, notória pelos casos extraconjugais. É claro que não pega bem recebê-la em casa.

Mas Luísa desobedece o marido e a recebe.

Leopoldina é completamente apaixonada pela bacalhoada de Juliana e, sempre que pode, dá um pulinho na casa da amiga para se lambuzar com o prato.

Enquanto Jorge está fora, Luísa começa a se encontrar com o primo Basílio, uma charmosa e antiga paixão que está de volta a Lisboa.

O circo está armado.

Luísa se apaixona e se rende ao charme do adultério, mas precisa lidar com as ameaças de Juliana — que descobre tudo e promete contar a história para Jorge.

Bem, já que por aqui só falamos de comida, vou me debruçar no bacalhau à portuguesa. E que bacalhau, amigos!

Ingredientes:

- 4 batatas descascadas e fatiadas
- 1 kg de bacalhau dessalgado e descongelado
- Azeite
- 2 pimentões vermelhos cortados em rodelas
- 1 cebola cortada em rodelas
- 2 tomates cortados em rodelas
- 1 xícara (chá) de azeitonas pretas
- 1 xícara (chá) de ervilhas frescas
- 1 folha de louro
- Sal e pimenta-do-reino
- Alho

Modo de preparar:

Cozinhe as batatas no vapor e reserve. Corte o bacalhau em pedaços grandes, mas não tire a pele.

Unte uma travessa com azeite e acomode o bacalhau. Cubra-o com as batatas, os pimentões, a cebola, os tomates, as azeitonas, as ervilhas, a folha de louro e muito alho picado. (Como a Leopoldina gosta.) Tempere com sal e pimenta. Regue com muito azeite e cubra com papel-alumínio. Leve ao forno preaquecido a 180 graus por mais ou menos 50 minutos.

Refeições para discutir uma boa obra

A BACALHOADA DE O PRIMO BASÍLIO

103

A SOPA AZUL DE O DIÁRIO DE BRIDGET JONES, DE HELEN FIELDING

Nível de
DIFICULDADE

CERTA VEZ, FIZ UM ESTROGONOFE PARA UM NAMORADO.

Aconteceu muito tempo antes de eu decidir aprender a cozinhar. Para quem não sabia fazer um arroz, preparar um estrogonofe era uma ideia bem das ousadas.

É claro que não deu certo.

Exagerei na dose de mostarda, e meu prato romântico ficou para sempre apelidado de mostardofe.

Sempre comparo essa história à sopa azul de *O diário de Bridget Jones* (*Bridget Jones's Diary*). Afinal, não é fácil ter uma tragédia culinária imortalizada.

Quem lembra da sopa azul?

Bridget decide fazer um jantar para Mark Darcy e alguns amigos. Só que ela nunca tentou cozinhar na vida.

A ansiedade é tanta que ela fica duas semanas pensando no tal jantar. Chega até a comprar um livro de receitas.

"Mark Darcy vai ficar muito impressionado e perceber que sou uma pessoa diferente e com prendas domésticas", ela reflete.

O cardápio? Decididíssimo!

Velouté de aipo, atum grelhado no carvão sobre velouté de tomates-cereja, acompanhado de confit de alho e batatas fondant. De sobremesa, confit de laranjas.

É claro que nada sai como planejado, e o jantar vira um pesadelo. Ela se atrasa, por isso decide não preparar o atum. No lugar dele, faz uma omelete. A sopa de aipo acaba ficando azul, e a sobremesa fica parecendo geleia de laranja.

Na cozinha, antes de servir o jantar, ela diz a si mesma:

"Depois de gastar tanto dinheiro, acabei servindo aos meus amigos:
Sopa Azul
Omelete
Geleia".

Refeições para discutir uma boa obra

Você sabia?

No livro, a sopa fica azul porque Bridget decide amarrar dois ingredientes — alho-poró e aipo — com um barbante azul para acentuar o sabor da sopa de galinha. Ela deixa a panela em fogo brando e vai dormir.

Quando acorda no dia seguinte, os ossos da galinha derreteram e viraram uma espécie de geleia. E o barbante, é claro, tingiu a sopa de azul.

Ingredientes:
- 1 tablete de manteiga
- 300 g de caule de aipo picado
- 2 batatas picadas
- 2 cebolas picadas
- 1 taça de vinho branco
- 1 copo americano (200 ml) de água
- 1 tablete de caldo de legumes dissolvido em 1 xícara (chá) de água quente
- 1½ copo americano (300 ml) de leite
- Sal e pimenta-do-reino
- Corante alimentício azul

Modo de preparar:

Em uma panela grande, derreta a manteiga e acrescente o aipo e as batatas. Refogue e em seguida adicione a taça de vinho. Deixe cozinhar por cerca de 5 minutos. Acrescente a água e o caldo de legumes e aguarde até que as batatas amoleçam. Por fim, junte o leite e cinco gotas do corante azul. Tempere a gosto.

Depois de esfriar, bata no liquidificador para a sopa ficar bem cremosa.

Capitu vem para o jantar

A SOPA AZUL DE O DIÁRIO DE BRIDGET JONES

A SOPA DE ERVILHA DE *AS BRUXAS*, DE ROALD DAHL

TENHO CERTEZA DE QUE VEZ OU OUTRA DURANTE A SUA INFÂNCIA VOCÊ DEPAROU COM ALGUMA OBRA DE ROALD DAHL ADAPTADA PARA O CINEMA. Foi ele quem escreveu *Matilda*, *A fantástica fábrica de chocolate*, *Os gremlins* e, claro, *As bruxas*.

Quer dizer, graças a esse inglês, nós tivemos ótimos momentos de Sessão da Tarde.

As bruxas (*The Witches*, 1983) foi transformado no incrível *Convenção das bruxas*, protagonizado por Anjelica Huston e, sem dúvida, um dos meus filmes preferidos.

Luke é um garoto de dez anos que, depois de seus pais sofrerem um acidente de carro, vai morar com a avó, Helga.

A avó demonstra ser uma exímia conhecedora do mundo das bruxas.

"Bruxas de verdade usam roupas comuns e parecem mulheres comuns. Elas moram em casas como as nossas e trabalham em profissões comuns. Por isso é tão difícil pegá-las", explica a senhora.

Depois de uma severa pneumonia, Helga é aconselhada pelo médico a passar uns tempos em um hotel à beira-mar para melhorar.

Ela e Luke viajam para o Majestic Hotel, na cidade litorânea de Bournemouth. Nesse mesmo hotel está rolando a Convenção Anual da Real Sociedade para a Prevenção da Crueldade com Crianças.

O que Luke e Helga não sabem é que esse evento é uma fachada para a Convenção Anual das Bruxas.

Depois de alguns capítulos engraçadíssimos que descrevem com detalhes minuto a minuto da convenção,

Você sabia?

O filme *Convenção das bruxas* foi lançado nos Estados Unidos no dia 24 de agosto de 1990.

A recepção da crítica foi a melhor possível, principalmente por causa da atriz Anjelica Huston, que interpretou a Grande Bruxa e precisava aguentar uma maratona de oito horas na maquiagem para ganhar aquele aspecto maligno que atormentou a nossa infância. Vai dizer que você não ficou alguns dias sem dormir depois de assisti-lo pela primeira vez?

O escritor Roald Dahl odiou o filme. Na sua opinião, ele continha muitas cenas apelativas que poderiam assustar as crianças.

De fato, o livro é bem mais leve.

O escritor faleceu três meses depois do lançamento da versão cinematográfica.

Capitu vem para o jantar

o garoto Luke é pego pela Grande Bruxa e transformado em rato com uma poção criada por ela.

A "Fórmula 86 de ação retardada para fazer ratos" tem o intuito de transformar todas as crianças da Inglaterra em ratos.

Para se vingar, o menino-que-agora-é-rato traça o plano de roubar uma das fórmulas e jogá-la na panela de sopa de ervilha que será servida para as bruxas.

É um plano perfeito. Afinal, todas as bruxas vão se reunir na sala de jantar para comemorar o sucesso da convenção.

A receita de sopa de ervilha que eu escolhi é bem simples e pode ser preparada na versão quente ou fria.

Prometo que nela não entra a Fórmula 86 de ação retardada para fazer ratos.

Ingredientes:

- 1 batata média cortada em cubos
- 1 dente de alho esmagado
- 1 cebola média picada
- 800 ml de caldo de legumes
- 900 g de ervilhas frescas
- 5 folhas de hortelã picadas
- 1 colher (chá) de açúcar
- 1 colher (sopa) de suco de limão
- Sal

Modo de preparar:

Em uma panela, coloque a batata, o alho, a cebola e o caldo de legumes. Deixe ferver até que a batata fique macia. Acrescente as ervilhas e deixe ferver por mais 10 minutos em fogo baixo. Coloque a hortelã, o açúcar, o suco de limão e tempere com sal.

Bata a sopa no liquidificador e sirva.

Se quiser uma versão fria, deixe na geladeira por 2 horas.

Refeições para discutir uma boa obra

A SOPA DE ERVILHA DE AS BRUXAS

109

O SORVETE DE ABACAXI DO CONTO "O SORVETE", DE CARLOS DRUMMOND DE ANDRADE

Nível de DIFICULDADE

O CONTO "O SORVETE", DE CARLOS DRUMMOND DE ANDRADE, ESTÁ NO LIVRO *CONTOS DE APRENDIZ*, QUE REÚNE MEMÓRIAS DA INFÂNCIA DO ESCRITOR, PASSADA NO INTERIOR DE MINAS GERAIS NO COMEÇO DO SÉCULO XX.

Drummond contava que, quando ele estava na escola, somente os domingos eram livres para o divertimento. Com a condição de que este acontecesse no intervalo entre a conclusão da missa das 8 e os estudos das 6 da tarde.

Nesse ínterim, os alunos eram liberados para fazer o que quisessem.

Drummond e o amigo Joel planejaram o domingo com muita dedicação: andariam no parque, almoçariam na casa do tio e iriam ao cinema.

No caminho, no entanto, os meninos passam em frente a uma confeitaria e deparam com uma placa para lá de convidativa.

"Delicioso sorvete de abacaxi. Especialidade da casa."

O pequeno narrador tenta convencer o amigo a trocar o cinema pelo sorvete, mas Joel é categórico: o sorvete fica para a semana que vem.

É claro que até o final do conto o sorvete não sai da cabeça dos meninos, né?

Durante o filme eles decidem deixar o cinema para lá e correr para a confeitaria.

Ao pedir o sorvete, contudo, os dois ficam decepcionados com aquela massa gelada "agressiva aos dentes".

Apesar de escrita na década de 1950, a história do doce gelado aconteceu em 1916, quase cem anos depois de a iguaria aparecer pela primeira vez no Rio de Janeiro.

Conta-se que em 1834 um navio desembarcou no Rio de Janeiro com mais de duzentas toneladas de gelo, encomendadas por dois comerciantes para fabricar sorvete.

Você sabia?

Carlos Drummond de Andrade costumava falar bastante sobre comida. Em várias poesias, dedicou-se a exaltar cheiros e sabores, principalmente da cozinha nacional.

Em "Poema culinário", por exemplo, Drummond fala de sua queda por croquete de galinha e ainda dá a receita em verso para quem quiser se arriscar.

Doce leitura: o açúcar escondido em nossos livros favoritos

O gelo era misturado com frutas e vendido em horários determinados, pois, como derretia, não poderia estar no cardápio o dia todo.

Dá para imaginar as filas, não é?

Mas eu fiquei encucada.

Com quase um centenário do doce, como aceitar que um jovem de onze anos nunca tenha provado o sorvete em 1916? E mais... ele odiou o doce quando o experimentou.

Bom, é claro que dá para aceitar.

Estamos falando de uma época em que as novidades demoravam para se espalhar.

Em São Paulo, por exemplo, o sorvete começou a ser comercializado quase quarenta anos depois de ter chegado ao Rio.

Uma vez, em uma viagem a Salvador com a família, visitei a primeira sorveteria da cidade, a Cubana. Sabe quando ela abriu as portas? Em 1930.

Em casa, enquanto eu preparava a receita, divaguei sobre o assunto com o meu pai.

Ele nasceu em 1945 no interior de São Paulo, e me contou naquela época as pessoas tinham medo de tomar sorvete por receio de que a baixa temperatura desequilibrasse o calor interno do corpo.

Além disso, o choque do gelado na boca não era algo com que as pessoas estivessem acostumadas. Era natural que estranhassem a sensação a princípio.

Ainda bem que já estamos bem acostumados com essa delícia e podemos nos esbaldar sem medo.

Ingredientes:
- 1 abacaxi picado
- 1 xícara (chá) de açúcar
- 1 xícara (chá) de água
- 5 claras de ovo
- 1 lata de creme de leite

Modo de preparar:
Corte o abacaxi em cubinhos e o coloque em uma panela junto com o açúcar e a água. Deixe cozinhar até virar um caldinho, quase como se o abacaxi tivesse derretido. Bata no liquidificador. À parte, bata as claras em neve. Depois é só misturar o abacaxi com o creme de leite e por último as claras, até obter um creme homogêneo. Deixe no freezer por 4 horas.

Capitu vem para o jantar

O SORVETE DE ABACAXI DO CONTO "O SORVETE"

A MOUSSE DE ABACAXI DE MADAME BOVARY, DE GUSTAVE FLAUBERT

Nível de DIFICULDADE

EMMA BOVARY É UMA DAS MINHAS MULHERES PREFERIDAS DA LITERATURA.

Só não digo que ela é a minha predileta porque, ora, é claro que esse posto é da Capitu, né?

Madame Bovary, de Gustave Flaubert, conta a história de Emma, uma jovem criada no campo que se casa com o médico Carlos Bovary.

O médico é uma pessoa um tanto quanto entediante, de modo que Emma se sente cada vez mais presa a um casamento sem alegria e paixão.

Um belo dia, o casal recebe um convite para o baile do Marquês d'Angervilliers.

A festa tem todos aqueles elementos que Emma conhecia dos romances. Os vestidos suntuosos, a dança, a boa comida. Os homens charmosos metidos em bons ternos se divertindo com jogos. Os charutos. As luvas. O champanhe.

Emma Bovary nunca havia comido abacaxi na vida!

E é nessa passagem do livro que ela percebe que não tem um marido suficientemente rico e exótico.

Depois da festa, fica difícil voltar à sua rotina enfadonha. A imagem do baile não lhe sai da cabeça.

Aquele baile abriu os olhos de Emma para outro mundo, onde era possível encontrar homens interessantes e cheios de paixão. E foi assim que Madame Bovary se tornou uma das adúlteras mais famosas da literatura.

Há outras comidas no livro, mas acredito que o abacaxi marca um momento de revelação importante para a personagem. Foi por isso que decidi fazer uma sobremesa de abacaxi.

Que tal uma mousse para Emma Bovary?

Capitu vem para o jantar

Você sabia?

Madame Bovary foi lançado em outubro de 1856 na *Revue de Paris*.

Gustave Flaubert demorou cinco anos para escrever essa obra, considerada um ataque à moral e aos bons costumes da época.

Na época, a publicação foi censurada e Flaubert acusado de imoralidade.

Três meses depois de *Madame Bovary* ter chegado a público, o escritor sentou no banco dos réus, mas acabou sendo absolvido. Foi nessa ocasião que Flaubert disse a famosa frase:

"Emma Bovary c'est moi". (Emma Bovary sou eu.)

Este livro é considerado por muitos críticos o primeiro representante do movimento realista na literatura.

Ingredientes:
- 1 abacaxi picado em pedaços bem pequenos
- 1 xícara (chá) de água
- 2 xícaras (chá) de açúcar
- 1 pacote de gelatina em pó incolor e sem sabor
- 1 lata de leite condensado
- 1 lata de creme de leite sem soro

Modo de preparar:

Em uma panela, coloque o abacaxi, a água e o açúcar e deixe cozinhar até o ponto de calda.

Bata a calda no liquidificador até ficar bem cremosa.

Acrescente a gelatina sem sabor (hidratada conforme as instruções do fabricante), o leite condensado e o creme de leite e bata até ficar bem homogêneo.

Despeje o mousse em um recipiente e leve ao congelador por 4 horas.

Doce leitura: o açúcar escondido em nossos livros favoritos

A MOUSSE DE ABACAXI DE MADAME BOUVARY

117

Capitu vem para o jantar

A MACEDÔNIA DE FRUTAS DE ANNA KARENINA, DE LEON TOLSTÓI

Nível de
DIFICULDADE

TENHO PAIXÃO POR MULHERES FORTES DA LITERATURA QUE ENFRENTAM AS AMARRAS DOS SEUS TEMPOS E DECIDEM FAZER O QUE BEM ENTENDEM COM AS PRÓPRIAS VIDAS.

É o caso de Capitu, Emma Bovary e Anna Karenina.

Quando falamos de empoderamento feminino, gosto particularmente de Anna Karenina.

Ela é uma personagem que se transforma muito ao longo do livro.

A princípio tenta convencer a cunhada a perdoar o marido que a traiu.

Anna Karenina argumenta que é o papel da mulher zelar pela família e cuidar do marido, não importa o que aconteça. Um argumento justificável quando pensamos que ainda hoje as mulheres são colocadas em posição inferior.

Imagine durante o século XIX.

Mas, no livro, algo acontece. Anna Karenina conhece o jovem oficial militar Vronsky, e toda a teoria de dedicação à família é colocada à prova.

Ela é tomada por um desejo e um amor doentio, que lhe causa uma profunda confusão psicológica.

Como viver com esse embate moral? Seguir com o romance e jogar tudo às favas ou preservar a família e o marido?

O problema é que Liev Tolstói não era, definitivamente, um cara feminista.

Esse escritor era conhecido por ser um mulherengo convicto, mas que pregava o voto de castidade. Mesmo assim, dizia que a mulher que não sabe ser feliz em casa nunca será feliz.

Ele nunca incentivou a esposa, Sofia, a escrever — algo de que ela gostava muito —, por considerar que uma esposa autora ofuscaria o seu trabalho e mancharia a reputação de mulher confiável.

Você sabia?

Anna Karenina foi publicado entre 1875 e 1877 na revista *O Mensageiro Russo*.

Na primeira versão, Anna Karenina não tem o fim trágico que aparece no livro porque o editor, Mijail Katkov, não aprovou o desfecho do romance.

Em 1877, lançada em formato de livro, a história pôde ser lida com o final que nós conhecemos.

Fiódor Dostoiévski afirmou que *Anna Karenina* era uma obra de arte; Vladimir Nabokov, autor de *Lolita*, elogiou a obra, à qual atribuiu "a impecável mágica do estilo de Tolstói".

Doce leitura: o açúcar escondido em nossos livros favoritos

Sofia continuou a escrever, mas escondia os textos. Neles, um retrato da mulher muito diferente do que o marido criava. Mulheres presas a casamentos enfadonhos que se deixavam levar pelo envolvimento com outros homens que simplesmente prestavam atenção nelas.

O caso é que, quando falamos de *Anna Karenina*, Tolstói criou uma mulher muito forte e moderna, que briga com suas próprias convicções para ser livre, principalmente sexualmente. Mas ela sofreu por renegar os princípios do casamento e se tornar uma adúltera, fato confirmado porque o amor ideal é sempre exemplificado pela cristã, saudável e serena relação entre Kitty e Levin.

No fim, Tolstói faz Anna Karenina enlouquecer.

O sofrimento é tanto que a faz encerrar os problemas de forma trágica, em um dos finais mais conhecidos e emocionantes da literatura. Pelo menos na minha opinião.

Depois de conhecer melhor Liev Tolstói, cheguei à conclusão de que, ao encerrar a história de Anna Karenina dessa forma, o escritor justifica a opinião de que toda mulher que se aventura em nome de sua liberdade sexual merece punição.

Para nossa sorte, o que aconteceu foi justamente o contrário.

Anna Karenina ficou imortalizada na história da literatura como uma personagem forte, que escolheu mergulhar no verdadeiro amor em vez de se ver corroída pelos dias modorrentos da sociedade enfadonha daquele tempo.

Considero que as escolhas de Anna, sua guerra pessoal e a busca pela liberdade sexual são o que, de fato, transformam a obra em uma história incrível.

Salada de frutas

A macedônia de frutas, citada algumas vezes em *Anna Karenina*, nada mais é que uma salada de frutas.

Sua origem remonta ao Império Macedônico. Conta-se que era a sobremesa favorita do imperador Alexandre Magno.

Ingredientes:
- 375 g de açúcar
- 250 ml de água
- 2 bananas picadas em rodelas
- 2 peras picadas
- 2 kiwis picados
- 2 fatias de melão picadas
- 6 morangos picados
- 2 colheres (sopa) de cereja em calda
- Suco de 1 limão
- Suco de 2 laranjas

Modo de preparar:

Em uma panela, leve o açúcar e a água ao fogo baixo e cozinhe até o açúcar derreter e a calda começar a ferver. Reserve.

Em uma tigela, reúna todas as frutas e adicione o suco de limão para que elas não escureçam. Em seguida, acrescente o suco de laranja e o açúcar derretido.

Cubra com papel-alumínio e leve à geladeira por 2 horas.

Capitu vem para o jantar

A MACEDÔNIA DE FRUTAS DE ANNA KARENINA

O QUINDIM DE MÁRIO QUINTANA

Nível de DIFICULDADE

EM ALGUM MOMENTO DA VIDA VOCÊ JÁ DEVE TER LIDO ALGUMA COISA DE MÁRIO QUINTANA.

Meu primeiro contato com esse autor foi através de *Nariz de vidro* (1984). Essa coletânea de poemas infantis foi uma das responsáveis por ser quem sou hoje, apaixonada por literatura.

Depois, a vida veio com toda aquela complicação, e com isso eu evoluí para obras mais densas. Se bem que, quando falamos de Mário Quintana, não podemos nunca usar essa palavra.

Profundas e reflexivas, sim. Densas, jamais.

Mário Quintana nasceu em 1906 e desde muito cedo começou a trabalhar como jornalista.

Sempre foi uma pessoa reclusa, tanto que morreu em 1994, aos oitenta e sete anos, sem nunca ter casado ou tido filhos.

Todos os que conheceram Quintana o descrevem como uma pessoa de bem com a vida. Também, pudera. Só alguém capaz de encarar a vida, apesar de todos os pesares, para escrever coisas tão leves e simples.

Quando falamos de cozinha, o assunto é indiscutível.

O doce preferido de Mário Quintana já rendeu até contos e crônicas nas mãos de outros escritores.

O poeta Paulo Hecker Filho, no livro *Fidelidades*, conta que costumava deixar na porta da casa de Quintana um presente especial. Eram livros e quindins acompanhados de um bilhete: "Para estar ao lado sem pesar com a presença".

Fabiano Dalla Bona, autor de *O céu na boca*, revela que um dos rituais de Quintana era ir até a lanchonete do jornal *Correio do Povo*, em Porto Alegre, e pedir um quindim e uma xícara de café preto bem forte sem açúcar.

Essa paixão lhe rendeu entre os amigos o apelido de Mário Quindim.

Você sabia?

Uma vez, Mário Quintana foi atropelado e socorrido pelo motorista.

Depois de passar por uma cirurgia no fêmur, ele acordou no hospital e perguntou: "Anotaram a placa?"

As pessoas ao redor lhe explicaram que o motorista havia prestado assistência depois do acidente e que estava ali no hospital acompanhando tudo.

Quintana insistiu: "Vocês não estão entendendo. Eu queria saber a placa para jogar no bicho".

Capitu vem para o jantar

O QUINDIM DE MÁRIO QUINTANA

Ingredientes:
- Manteiga e açúcar para untar a forma
- 10 gemas
- 1 vidro de leite de coco
- 50 g de coco ralado
- 200 g de açúcar

Modo de preparar:
Unte uma forma com um buraco no meio com muita manteiga e açúcar.
Passe todas as gemas em uma peneira.
Em uma panela, junte todos os ingredientes e mexa com delicadeza, só para incorporá-los.
Coloque o creme de ovos na forma e leve ao forno em banho-maria a 150 graus. Deixe assar por 1 hora ou até que o coco tenha subido e formado uma crosta em cima do doce.
Não desenforme quente, pois o doce pode quebrar. Nem gelado, pois assim ele não vai desgrudar da forma. O ideal é desenformar morno.
Sirva gelado.

A TORTA DE LIMÃO DE SYLVIA PLATH

EU LIDO FREQUENTEMENTE COM BLOQUEIOS CRIATIVOS. Essa coisa de trabalhar com palavras pode ser bem complicada às vezes.

Tem dias em que a escrita flui que é uma beleza, uma palavra se juntando a outra, formando frases incríveis. Até me surpreendo comigo mesma.

Tem vezes, porém, em que a coisa é tensa, difícil, dolorida. Quando o texto fica pronto, não me agrada.

Olhar para a página em branco do Word pode ser um tormento e tanto.

O negócio é que, quando isso acontece, geralmente eu largo tudo o que estou fazendo, escolho um filme e permito me desligar do trabalho por alguns instantes.

Acho que todo mundo tem uma dessas estratégias escapistas para buscar a criatividade.

Arturo Bandini, um dos meus personagens preferidos, criado por John Fante, descrevia a paisagem que via pela janela e, quando percebia, a descrição já havia se tornado parte importante da trama que ele montava no papel.

Segundo seus diários, Sylvia Plath corria para cozinha quando enfrentava um bloqueio criativo.

E a receita que ela preferia fazer nesses momentos era a torta de limão com merengue.

A escritora era tão apaixonada pela torta que a chamava carinhosamente de "minha fiel torta de limão coberta com a tampa dos anjos".

Nada mal, né?

A história de vida de Sylvia Plath sempre me encantou. Ela foi uma eterna apaixonada, atormentada por fantasmas, uma escritora incrível que teve um fim trágico.

Ela se suicidou com a cabeça dentro do forno enquanto as crianças dormiam no quarto.

Você sabia?

Sylvia Plath foi casada com o poeta Ted Hughes, grande amor de sua vida e causador de muitas crises de ciúme acompanhadas de períodos de depressão da escritora.

O romance *A redoma de vidro* é cheio de referências à vida pessoal de Sylvia. Sua única obra em prosa reflete um pouco sobre sua experiência com a depressão.

Um mês depois do lançamento do livro, em 1963, Sylvia Plath se levantou de manhã, vedou a porta do quarto dos filhos com toalhas molhadas, deixou pão e leite perto da cama deles e, em seguida, tomou vários comprimidos. Por fim, colocou a cabeça dentro do forno, morrendo asfixiada pelo gás.

Capitu vem para o jantar

Toda essa aflição é percebida em seus poemas e no maravilhoso livro *A redoma de vidro* (*The Bell Jar*).

É claro que ela teria que dar as caras por aqui.

E com uma baita torta de limão!

Ingredientes para a massa:
- 1 pacote de biscoito de maisena
- 50 g de castanhas-do-pará
- 100 g de manteiga derretida

Para o recheio:
- 1½ xícara (chá) de água
- Suco de 2 limões
- 1½ xícara (chá) de açúcar
- 2 colheres (sopa) de farinha de trigo
- 3 colheres (sopa) de amido de milho
- ¼ colher (sopa) de sal
- 2 colheres (sopa) de manteiga
- 4 gemas batidas

Para o merengue:
- 4 claras de ovo
- ½ xícara (chá) de açúcar de confeiteiro

Modo de preparar:

Para fazer a massa, triture os biscoitos e as castanhas e misture a manteiga derretida.

Forre uma forma de torta com essa massa e leve ao forno médio por 10 minutos.

Para o recheio, leve ao fogo a água, o suco de limão, o açúcar, a farinha de trigo, o amido de milho e o sal. Deixe cozinhar até ferver. Incorpore a manteiga e aos poucos acrescente as gemas batidas. Deixe cozinhar até ficar uma espécie de mingau bem grosso.

Despeje a mistura na forma.

Para fazer o merengue, bata as claras em neve. Acrescente o açúcar e bata até que fique no ponto de picos altos.

Despeje o merengue sobre a torta e, com a ajuda de um garfo, molde picos.

Leve ao forno médio por exatamente 10 minutos.

Doce leitura: o açúcar escondido em nossos livros favoritos

A TORTA DE LIMÃO DE SYLVIA PLATH

125

A TORTA DE BANANA DE O PLANETA DOS MACACOS, DE PIERRE BOULLE

Nível de DIFICULDADE

NO LIVRO DE PIERRE BOULLE, HUMANOS SE TORNAM OBJETOS DE ESTUDO DOS MACACOS.

Tudo começa no espaço, quando um casal está viajando para curtir a lua de mel. De dentro da nave particular, eles avistam um objeto.

Quando se aproximam, veem que é uma garrafa. E dentro dela há um manuscrito.

Após a leitura do manuscrito feita pelo casal, somos lançados na história de Ulysse, um jornalista que topou participar de uma viagem intergaláctica junto com dois cientistas.

A viagem o levará a um planeta também habitado por humanos — só que por lá os humanos são seres selvagens, que não sabem se comunicar, andam nus, caçam para comer e são vítimas de experimentos feitos por macacos evoluídos e inteligentes.

Ao serem presos pelos macacos, os humanos se alimentam de uma espécie de mingau de cereais e, claro, de bananas.

As bananas, aliás, servem de recompensa nos testes.

O planeta dos macacos (*Planet of the Apes*) foi adaptado para vários filmes. O primeiro deles, lançado em 1968, é o mais fiel, com passagens idênticas ao livro, mas tem um final diferente.

Em 2011, Tim Burton fez uma refilmagem que não foi tão bem recebida pelo público.

Em 2011 e em 2014, foram lançados, respectivamente, *Planeta dos macacos: a origem* (*Rise of the Planet of the Apes*) e *Planeta dos macacos: o confronto* (*Dawn of the Planet of the Apes*).

O primeiro é apenas inspirado no livro, já que tenta desvendar como tudo aconteceu antes da história original.

Você sabia?

O planeta dos macacos foi publicado pela primeira vez em 1963 e se consagrou como uma das maiores sagas de ficção científica.

Pierre Boulle contou em uma entrevista, certa vez, como teve a ideia de escrever a história. Ele visitou um zoológico e ficou muito tempo olhando para os macacos, impressionado com a semelhança dos trejeitos e fisionomia entre macacos e humanos.

Nesse momento, o enredo de *O planeta dos macacos* começou a surgir na sua cabeça.

Doce leitura: o açúcar escondido em nossos livros favoritos

O segundo mostra o embate entre humanos e macacos aqui na Terra, em um futuro distante, quando macacos assumem o poder e dominam o nosso planeta.

É uma oportunidade bem bacana: ler o livro, se deixar levar pela escrita maravilhosamente convidativa de Pierre Boulle e depois ver como os diretores se saíram ao transportar a história para as telonas.

Mas vamos ao que interessa?

Inspirada nas bananas e no mingau, eu trouxe uma receita bem simples de torta cremosa de banana.

Acho que você vai gostar.

Ingredientes para a massa:
- 300 g de biscoito de maisena triturado
- 1 xícara (chá) de manteiga derretida

Para o recheio:
- 1 xícara (chá) de açúcar
- ¼ xícara (chá) de amido de milho
- 3 xícaras (chá) de leite
- 1 pitada de sal
- 2 ovos batidos
- 3 colheres (sopa) de manteiga
- 2 colheres (sopa) de essência de baunilha
- 2 bananas grandes
- 1 xícara (chá) de creme de leite batido no ponto de chantili
- 100 g de chocolate branco raspado

Modo de preparar:
Misture o biscoito triturado com a manteiga derretida até formar uma massa. Forre uma forma de fundo removível com essa massa e leve à geladeira por 30 minutos.

Em uma panela, misture o açúcar, o amido de milho, o leite e o sal. Leve ao fogo alto até que o creme engrosse como um mingau. Acrescente os ovos, reduza o fogo e mexa na panela até começar a borbulhar. Retire do fogo e acrescente a manteiga e a baunilha.

Leve à geladeira por 1 hora.

Em seguida, coloque esse creme em cima da massa de biscoito. Distribua as fatias das bananas em cima da massa.

Cubra com o chantili, polvilhe o chocolate branco e decore a gosto.

Capitu vem para o jantar

A TORTA DE BANANA DE O PLANETA DOS MACACOS

A TORTA DE NOZES DE A LISTA DE BRETT, DE LORI NELSON

AOS TRINTA E QUATRO ANOS, BRETT TEM TUDO NA VIDA: UM ÓTIMO EMPREGO, UM APARTAMENTO DOS SONHOS E UM NAMORADO PERFEITO.

Mas a vida vira de ponta-cabeça quando sua mãe morre e deixa registrado no testamento que a filha só terá direito à gorda herança se completar a lista de sonhos que escreveu quando era mais jovem.

Parece uma ideia absurda, é claro. A Brett adolescente não fazia ideia do que era importante na vida. Mas, enquanto a narrativa se desenvolve, Brett vai percebendo que ainda tem muito daquela garota sonhadora de outrora.

Quando eu era pequena, não cheguei a fazer uma lista de coisas que almejava para o futuro. Mas tive alguns planos bizarros que incluíam ser médica-legista ou agente do FBI.

Com o tempo, comecei a fazer listas de Réveillon. Sabe aqueles planos que fazemos para o próximo ano? No último Réveillon, depois de um ano particularmente difícil, relutei para abrir o papelzinho que eu havia escrito no ano anterior.

O simples ato de desdobrar um papel e ler minhas metas pareceu uma tortura terrível. "Que ano difícil", esbravejei tantas vezes.

Mas, assim que meus olhos foram passando pelos itens da lista — alguns até um pouco imaturos para uma Denise muito diferente daquela que sou hoje —, uma coisa dentro de mim foi se acendendo.

Eu tinha alcançado quase todos os meus desejos para aquele ano. Como assim isso aconteceu no meio do furacão? Quando aconteceu?

Foi a mesma sensação que senti ao ler *A lista de Brett* (*The Life List*). Brett se deixou levar pela inércia do dia a dia e acabou esquecendo o que realmente queria na vida. Quando está pronta para abrir os olhos, percebe que alcançou muita coisa legal a que não deu valor.

Você sabia?

A norte-americana Lori Nelson Spielman lançou seu primeiro livro, *A lista de Brett*, em 2013.

Em um artigo para o jornal *Huffington Post*, Lori fala sobre a inspiração para essa obra. Um belo dia ela encontrou em casa uma lista que havia escrito na infância.

Tratava-se de uma relação de coisas e atitudes que a pequena Lori gostaria que a Lori adulta tivesse ou fizesse.

A escritora ficou feliz por saber que muitos desejos haviam sido realizados, mas outros acabaram se revelando não serem tão importantes assim.

Uma curiosidade: na lista não estava registrado o desejo de ser escritora.

Capitu vem para o jantar

Ok. Onde entra a torta de nozes? O livro é recheado de receitas de dar água na boca. Peru assado, pudim de pão de abóbora com calda de caramelo e muitas outras.

Mas a verdade é que a torta de nozes me deixou curiosa.

Sou fã de torta e fã de nozes. Estava claro que era essa a receita que entraria aqui, né?

Em determinado momento, durante a primeira noite de Ação de Graças depois da morte de mãe, Brett decide fazer um jantar e servir a famosa receita de torta de nozes da família. A receita dá supercerto, assim como o peru, mas sua vida pessoal desmorona depois de uma conversa devastadora com o namorado.

Você deveria ler o livro para saber mais. Garanto que vai ser uma boa ideia.

Ingredientes para a massa:

- 3 xícaras (chá) de farinha de trigo
- 1 xícara (chá) de manteiga
- 1 pitada de sal
- 1 colher (sopa) de açúcar
- ½ xícara (chá) de água morna

Para o recheio:

- 3 ovos
- ½ xícara (chá) de açúcar branco
- ⅓ xícara (chá) de açúcar mascavo
- 2 colheres (sopa) de essência de baunilha
- 1½ xícara (chá) de glucose de milho
- 1 pitada de sal
- ½ xícara (chá) de manteiga derretida
- 1 xícara (chá) de nozes picadas

Modo de preparar:

Para fazer a massa, basta misturar todos os ingredientes e sovar até que fique lisinha.

Deixe na geladeira por 30 minutos.

A seguir, use-a para cobrir uma forma redonda.

Para o recheio, coloque os ovos na batedeira e acrescente aos poucos o açúcar branco. Bata até que a mistura fique clara. Em seguida, acrescente o açúcar mascavo, a essência de baunilha, a glucose de milho e o sal. Junte a manteiga e bata por mais alguns minutos. Desligue a batedeira e coloque as nozes na massa, mexendo até que estejam bem incorporadas.

Leve ao forno médio por 40 minutos.

Doce leitura: o açúcar escondido em nossos livros favoritos

A TORTA DE NOZES DE A LISTA DE BRETT

A TORTA DE MAÇÃ COM SORVETE DE NA ESTRADA, DE JACK KEROUAC

Nível de DIFICULDADE

NA ESTRADA, QUE MESMO NO BRASIL É MAIS CONHECIDO COMO ON THE ROAD, CONTA A HISTÓRIA DE UMA VIAGEM PELOS ESTADOS UNIDOS FEITA POR SAL PARADISE (personagem que retrata o próprio Kerouac) e Dean Moriarty (inspirado no escritor Neal Cassady).

Os jovens saem de Paterson, em New Jersey, e vão em direção à costa oeste do país pela Rota 66.

A viagem é cheia de mulheres, drogas e músicas.

Durante a viagem, Sal, o narrador, diz:

"Comi outra torta de maçã com sorvete, foi praticamente só o que comi durante toda a viagem através do país, eu sabia que era nutritivo e claro que delicioso.

À medida que eu avançava Iowa adentro, a torta ficava maior, o sorvete mais cremoso".

Dizem que Kerouac escreveu *On the Road* em apenas três semanas, em 1951. Sob o efeito de benzedrina, café e jazz, ele concebeu a história de uma só vez, colocando no papel o que vinha à mente.

A obra foi rejeitada por várias editoras. Só veio a ser lançada em 1957, depois de muitas alterações.

Kerouac era comilão, e a comida permeia toda a sua obra, como um artifício para descrever ambientes e situações.

Em *On the Road* há uma infinidade de cafés da manhã, almoços e jantares.

Hambúrguer na Filadélfia, lanche de salame e mostarda em Los Angeles, espaguete em North Beach, mariscos em São Francisco.

Frutos do mar com manteiga e frango assado regado a vinho com batata frita de acompanhamento.

Você sabia?

On the Road é considerado o melhor livro de Kerouac.

Lançada em 1957, a obra é um expoente da geração beat, termo usado para descrever um grupo de artistas americanos que se desprende da rigidez da arte para criar algo espontâneo.

Os beats acreditavam que as experiências ficavam ainda melhores com a perda dos sentidos, por isso costumavam exagerar no uso de drogas. Era uma vida com muito álcool, sexo e noitadas.

Em outro livro autobiográfico, *Anjos da desolação* (*Desolation Angels*), o escritor conta que, quando passou seis semanas trabalhando como segurança no Desolation Peak, em Washington, sobrevivendo só de café e macarrão, Kerouac ficava imaginando seu retorno para a civilização e todas as comidas que poderia comer. "Eu sonhava com sorvetes e um bife de lombo."

Na biografia escrita por Barry Miles, Jack Kerouac aparece como um personagem que come tudo o que existe na geladeira.

William Burroughs, outro grande escritor da geração beat, costumava esconder os quitutes de casa quando Kerouac ia visitá-lo.

Ingredientes para a massa:
- 4 xícaras (chá) de farinha de trigo
- 150 g de manteiga
- ½ copo americano (100 ml) de água quente

Para o recheio:
- 4 maçãs médias descascadas e picadas
- 1 xícara (chá) de açúcar
- Suco de 1 limão
- 2 colheres (sopa) de canela em pó
- 1 colher (sopa) de farinha de trigo
- 2 colheres (sopa) de manteiga

Para o sorvete:
- 1 lata de leite condensado
- 1 lata de creme de leite
- A mesma medida de leite integral

Modo de preparar:
Misture todos os ingredientes da massa e sove até ela ficar lisinha. Deixe descansar na geladeira por 30 minutos. Em seguida, divida a massa em duas partes. Com uma metade, cubra o fundo de uma forma de torta e faça furinhos com um garfo. Abra a outra metade em uma superfície enfarinhada e reserve.

Em uma tigela, junte todos os ingredientes do recheio e mexa. Coloque essa mistura na forma de torta, cubra o recheio com a outra metade da massa, faça furos com o garfo e polvilhe canela em pó. Leve ao forno médio por 40 minutos.

Enquanto isso, bata todos os ingredientes do sorvete no liquidificador, coloque em uma tigela e deixe no freezer por 6 horas.

Sirva a torta morna com o sorvete.

Capitu vem para o jantar

A TORTA DE MAÇÃ COM SORVETE DE NA ESTRADA

OS BROWNIES DE AS VANTAGENS DE SER INVISÍVEL, DE STEPHEN CHBOSKY

Nível de DIFICULDADE

EM AS VANTAGENS DE SER INVISÍVEL (THE PERKS OF BEING A WALLFLOWER, 1999), CHARLIE EXPERIMENTA UM BROWNIE UM TANTO QUANTO "ESTRANHO".

Entre os efeitos colaterais está piscar demais e sentir uma vontade quase incontrolável de tomar milk-shake.

Essa é só uma das passagens polêmicas que fizeram o livro de Stephen Chbosky ser banido de algumas escolas públicas dos Estados Unidos.

Chbosky lançou *As vantagens de ser invisível* aos vinte e nove anos, e já disse em entrevistas que a história de Charlie foi influenciada por acontecimentos que ele viveu durante a adolescência.

O romance levou cinco anos para ser escrito e é reverenciado por jovens do mundo todo, uma vez que fala de temas como sexualidade, primeiro amor e drogas.

Essas delícias todas que eu e você vivemos, não é mesmo?

É impossível não se ver hora ou outra nas aventuras, medos e complexos de Charlie.

Particularmente, eu acho um livro lindo. E gosto mais ainda do filme inspirado na obra. O longa é protagonizado por Logan Lerman, Emma Watson e Ezra Miller.

Quem leu o livro há de concordar que o filme conseguiu capturar toda a sensibilidade da história. Até porque Stephen Chbosky também foi o roteirista e diretor do longa.

É um bom combo.

Ler o livro, ver o filme e experimentar os brownies.

Como este aqui é um livro de família, é claro que a receita não leva o ingrediente especial que faz Charlie ficar doidão.

Mas tem tanto, tanto chocolate que vai fazer você ficar muito feliz.

Promessa!

Você sabia?

O diretor John Hughes, conhecido pelo trabalho em filmes clássicos dos anos 1980, como *Clube dos cinco*, *Curtindo a vida adoidado* e *Gatinhas e gatões*, gostava muito do livro *As vantagens de ser invisível*.

Ele quis comprar os direitos da obra para transformá-la em filme, mas faleceu em 2009, antes que as negociações se encerrassem.

Stephen Chbosky declarou ter ficado emocionado com o interesse de Hughes pelo livro, porque, segundo ele, *As vantagens de ser invisível* foi inspirado em *Clube dos cinco*.

Capitu vem para o jantar

OS BROWNIES DE AS VANTAGENS DE SER INVISÍVEL

Ingredientes:
- 4 ovos
- 1½ xícara (chá) de açúcar
- 1 xícara (chá) de farinha de trigo
- 1 xícara (chá) de manteiga sem sal derretida
- 3 xícaras (chá) de chocolate em pó
- 2 colheres (chá) de essência de baunilha
- 1 xícara (chá) de nozes picadas
- 150 g de chocolate meio amargo picadinho

Modo de preparar:
Bata os ovos com o açúcar até obter um creme bem pálido. Acrescente a farinha e continue batendo. Adicione a manteiga e o chocolate em pó e bata para misturar. Por último, coloque a baunilha, as nozes e os chocolates picadinhos e só mexa a massa com uma colher para misturar.

Despeje em uma forma untada com manteiga e farinha.

Leve ao forno preaquecido por 30 minutos.

Retire do forno e corte em pedacinhos.

O CLAFOUTIS DE SIMONE DE BEAUVOIR

DIFICULDADE

JÁ FALEI AQUI SOBRE A RELAÇÃO CONFLITUOSA DE VIRGINIA WOOLF COM A COMIDA.

Uma relação parecida era vivida por Simone de Beauvoir, que considerava degradante uma mulher cozinhar.

Simone gostava muito de comer. Foi ela quem disse:

"E bem que cozinhar seja opressor, pode também ser uma forma de revelação e criatividade, e a mulher pode experimentar um tipo especial de satisfação ao preparar um bom bolo ou massa folhada".

Mas Simone não sabia cozinhar nada, por isso adorava frequentar bons restaurantes.

Ela e o marido, Jean-Paul Sartre, vieram uma vez para o Brasil e foram recepcionados pelo grande Jorge Amado, que lhes apresentou iguarias como feijão-vermelho e suco de abacaxi. O casal de franceses ficou encantado com essa culinária exótica e diferente.

Durante a Segunda Guerra Mundial, a fome se abateu pela França, e Simone se viu forçada a mudar de atitude. Conta-se que, durante a guerra, ela aceitava até comida estragada. Quando recebia os pacotes de alimentos já deteriorados devido às dificuldades no transporte, ela cozinhava tudo com vinagre e mil condimentos para disfarçar o sabor. Sartre ficava em pânico.

Durante esse período difícil, Simone escrevia em cartas ou diários sobre as delícias que gostaria de comer, e o clafoutis aparece diversas vezes nesses relatos.

Trata-se de uma típica receita francesa feita com cerejas frescas.

Eis, portanto, a sobremesa preferida de Simone de Beauvoir, que, obviamente, tinha que marcar presença por aqui.

Você sabia?

Em *Memórias de uma filha obediente*, Simone de Beauvoir escreveu sobre as lembranças gastronômicas da sua infância.

Capitu vem para o jantar

O CLAFOUTIS DE SIMONE DE BEAUVOIR

Ingredientes:

- Manteiga para untar
- 300 g de cerejas frescas com caroço
- 4 ovos
- 6 colheres (sopa) de açúcar
- 1 colher (chá) de essência de baunilha
- 1 pitada de sal
- 5 colheres (sopa) de farinha de trigo
- ½ xícara (chá) de creme de leite
- 2½ xícaras (chá) de leite integral

Modo de preparar:

Unte com manteiga uma forma de torta. Cubra o fundo da forma com as cerejas.

Em uma tigela, junte os ovos, o açúcar, o sal e a essência de baunilha e mexa até incorporar todos os ingredientes. Aos poucos, adicione a farinha. Em seguida, acrescente o creme de leite e o leite.

Despeje a mistura sobre as cerejas. Leve ao forno médio e asse por 40 minutos.

Ao retirar do forno, polvilhe açúcar sobre os clafoutis.

Sirva morno.

AS BOLINHAS DE PASTA DE AMENDOIM COBERTAS DE CHOCOLATE DE DOCE PROCURA, DE KEVIN ALAN MILNE

Nível de DIFICULDADE

DOCE PROCURA (SWEET MISFORTUNE, 2010) É UMA DELÍCIA. LITERALMENTE.

Cheio de receitinhas, o livro de Kevin Alan Milne conta a história de Sophie Jones, proprietária de uma loja de doces em Seattle. Sophie tem uma vida pra lá de complicada, com uma tragédia familiar e decepções amorosas.

Um belo dia, seu ex-namorado, Garret, aparece na loja querendo explicar por que a abandonou. Sophie, obviamente, não deixa barato. Não quer nem saber de reconciliação.

Só que aí os dois fazem uma aposta. Garret vai colocar um anúncio no jornal pedindo provas de que o amor duradouro existe.

Se ele receber cem respostas para o anúncio, Sophie então vai ouvir o que Garret tem a dizer.

A história é supergostosa e dá para ler de uma assentada. Mas o que importa para nós, na verdade, são as bolinhas de pasta de amendoim.

Sophie é uma cozinheira de mão cheia. Uma de suas invenções são os biscoitos do azar, que são amargos e guardam frases nem um pouco incentivadoras. São o maior sucesso da loja.

Segundo Sophie, as pessoas gostam de ler previsões complicadas porque isso lhes dá mais força para mudar e melhorar.

Faz sentido, né?

Entre os doces vendidos por Sophie estão as bolinhas de pasta de amendoim cobertas de chocolate, o doce preferido de Evi, sua meia-irmã adotiva e melhor amiga.

Acredite: as bolinhas são incríveis.

Você sabia?

Kevin Milne nasceu em 1973 em Portland, Oregon, nos Estados Unidos, e começou sua carreira de escritor em 2007, com *O saco do Papai Noel* (*Paper Bag Christmas*).

Suas obras já foram traduzidas para dezesseis idiomas.

Capitu vem para o jantar

AS BOLINHAS DE PASTA DE AMENDOIM COBERTAS DE CHOCOLATE DE DOCE PROCURA

Ingredientes para a pasta de amendoim:
- 300 g de amendoim sem pele torrado
- 2 xícaras (chá) de açúcar
- ½ xícara (chá) de óleo
- 1 pitada de sal

Para as bolinhas:
- 500 g de pasta de amendoim
- 1 barra de 150 g de chocolate ao leite

Modo de preparar:

Bata o amendoim no liquidificador até obter uma farofa. Mexa a farofa e bata novamente.

Junte o açúcar, o óleo e o sal e continue batendo até se tornar um creme homogêneo. Faça bolinhas com a pasta de amendoim, como se estivesse enrolando brigadeiros.

Derreta o chocolate em banho-maria. Espete com um palito nas bolinhas e as mergulhe no chocolate quente. Espere esfriar.

O BOLO BRANCO DE UM BONDE CHAMADO DESEJO, DE TENNESSEE WILLIAMS

Nível de DIFICULDADE

EM UM BONDE CHAMADO DESEJO (A STREETCAR NAMED DESIRE), BLANCHE DUBOIS COMEMORA SEU ANIVERSÁRIO COM UM BOLO BRANCO.

Eu li esse livro há muitos anos, mas não tinha um exemplar. Estes dias, decidi comprar um em um sebo só por causa da dedicatória numa das primeiras páginas:

"À vovó Carmem, uma lembrança com muito carinho.
Edson Jr. e Aline
23 de maio de 83".

Reli a história pensando na vovó Carmem.

O que será que ela achou do livro? Em quais circunstâncias ela ganhou o presente?

Um bonde chamado Desejo não dá muitas pistas sobre o sabor do bolo de Blanche. Diz apenas que se trata de um bolo branco. Decidi, então, assar o bolo de manteiga recheado de leite condensado que minha avó Enedite fazia quando eu era criança.

Assim, fica tudo entre avós, né?

Viajando em um bonde chamado Desejo, Blanche DuBois chega ao apartamento da irmã Stella, em New Orleans, para passar uma temporada com ela.

Ninguém sabe o que aconteceu no seu passado nem o motivo de ela querer começar uma nova vida, e é claro que esse mistério vai sendo desvendado ao longo da peça.

Blanche é uma mulher perseguida pelo passado, o que a faz inventar outra realidade.

E não é que ela acaba acreditando nessa realidade? Ela era linda e bem-sucedida, um exemplo da beleza sulista, quando vivia em Laurel, no Mississippi.

Você sabia?

Um bonde chamado Desejo estreou na Broadway no dia 3 de dezembro de 1947 e ficou em cartaz por dois anos. Jessica Tandy interpretava Blanche e Marlon Brando era Stanley.

A história foi adaptada para o cinema diversas vezes, e a versão mais famosa é a de 1951, com Vivien Leigh no papel de Blanche (o que lhe rendeu o Oscar de Melhor Atriz naquele ano) e Marlon Brando repetindo a interpretação de Stanley.

Existem rumores de que Blanche foi inspirada em Rose Williams, irmã de Tennessee, que tinha problemas mentais e precisou ser submetida a uma lobotomia.

Quanto ao bolo branco, descobri que se trata de uma receita típica do sul dos Estados Unidos no começo do século XX, a mesma época da história. É um bolo coberto de claras com açúcar. Simples assim.

Capitu vem para o jantar

Por isso, ao chegar a New Orleans, Blanche se assusta com o ambiente rústico, pobre, urbano e cheio de imigrantes.

Stella está grávida do marido, Stanley, o típico machão que julga que a mulher existe unicamente para servi-lo.

Apesar de ser um retrato da futilidade, Blanche está à frente do seu tempo, com pensamentos modernos e independentes.

E fica claro que ela vai entrar em conflito direto com Stanley.

O que importa é que o aniversário de Blanche é em meados de setembro, e, para a ocasião, Stella prepara um bolo branco com velas cor-de-rosa.

Ingredientes para a massa:

- 1 xícara (chá) de manteiga amolecida
- 3 xícaras (chá) de açúcar
- 5 ovos
- ½ xícara (chá) de leite
- 2 colheres (chá) de essência de baunilha
- ½ xícara (chá) de manteiga em temperatura ambiente
- 3 xícaras (chá) de farinha de trigo
- 1 colher (chá) de sal
- 2 colheres (chá) de fermento em pó

Para o recheio:

- 1 lata de leite condensado
- Suco de 1 limão

Para a cobertura:

- 3 claras de ovo
- 2 colheres (sopa) cheias de açúcar

Modo de preparar:

Bata a manteiga amolecida com o açúcar. Adicione os ovos, um de cada vez. Acrescente o leite misturado com a essência de baunilha e bata até obter um creme homogêneo. Junte a manteiga na temperatura ambiente e bata até misturar. Agora, acrescente os ingredientes secos (a farinha, o sal e o fermento) e mexa até que tudo esteja bem incorporado.

Despeje em uma forma untada com manteiga e farinha e leve ao forno médio por 30 minutos.

Enquanto isso, prepare o recheio e a cobertura.

Para fazer o recheio, é simples. Basta misturar o leite condensado com o suco de limão e reservar.

Para fazer a cobertura, leve as claras ao micro-ondas por 10 segundos. (Cuidado para que elas não cozinhem!) Em seguida, acrescente o açúcar e bata até o ponto de neve.

Quando o bolo sair do forno, corte-o ao meio, coloque o recheio feito com o leite condensado, devolva a metade de cima do bolo e, por fim, despeje a cobertura.

Doce leitura: o açúcar escondido em nossos livros favoritos

O BOLO BRANCO DE UM BONDE CHAMADO DESEJO

143

O BOLO DE COCO DE EMILY DICKINSON

Nível de **DIFICULDADE**

A POETA NORTE-AMERICANA EMILY DICKINSON NASCEU EM 1830. UMA MULHER FORTE, DE OPINIÕES POLÊMICAS. DO JEITO QUE NÓS GOSTAMOS, CERTO?

Na juventude, Emily foi expulsa do seminário onde estudava porque se recusou a declarar publicamente a sua fé. Imagine!

Ela ficou conhecida por ser uma pessoa solitária. Nunca se casou, e dedicou toda a vida a cuidar dos pais doentes.

Contudo, alguns estudiosos acreditam que seus poemas de amor tinham destino certo: Charles Wadsworth, um padre que ela conheceu durante uma viagem à Filadélfia.

Tudo o que se sabe sobre a vida dessa escritora veio das muitas cartas que ela trocou com pessoas importantes da época, dando pistas de sua rotina.

O poema "As coisas que nunca podem voltar, são muitas" ("The Things that Never Can Come Back, Are Several") foi redigido no verso da folha onde estava uma receita de bolo de coco fornecida por uma vizinha de Emily, sra. Carmichael.

Fiquei em pânico quando comecei a preparar essa receita, já que a escritora escreveu o passo a passo em meados de 1800. Claro que precisei fazer algumas adaptações. O bolo não leva fermento, por exemplo.

Na época se usava outro tipo de farinha e, claro, muitos ovos.

A farinha de trigo brasileira, infelizmente, não é capaz de fazer o bolo crescer sem fermento.

Se você quiser fazer algo mais simples, adicione uma colher (chá) de fermento químico. Mas fica aqui uma dica: nem todo bolo precisa de fermento para crescer.

Você sabia?

Emily Dickinson adorava cozinhar. Sempre trocava receitas e gostava de falar de culinária.

Em 25 de setembro de 1845, por exemplo, ela escreveu para a amiga Abiah Root:

"Amanhã vou aprender a fazer pão. Então, você pode me imaginar com as mangas arregaçadas, misturando farinha, leite etc., com uma grande dose de graça".

O pai de Emily era padeiro e, em algumas cartas, elogia os pães feitos pela filha, apesar de afirmar que ela se sai melhor com sobremesas.

Há muitos rascunhos de poemas escritos em embalagens de comida ou atrás de receitas, o que nos dá uma ideia de que a cozinha era um espaço de efervescência criativa para ela.

Todo esse acervo é encontrado no Museu Emily Dickinson, em Amherst, Massachusetts.

Doce leitura: o açúcar escondido em nossos livros favoritos

O fermento químico chegou ao Brasil só em 1923, e é claro que antes disso já se faziam bolos. Quer saber como eles cresciam? Com ovos!

Faça o bolo com claras em neve. As claras têm albumina, que, submetida ao calor do forno, incha e estufa o bolo. Só não pode abrir a porta do forno na primeira meia hora, senão o bolo murcha.

Vamos tentar?

Ingredientes para a massa:
- 6 ovos
- 225 g de farinha de trigo
- 450 g de açúcar
- 200 g de coco ralado fresco
- 225 g de manteiga sem sal

Para a cobertura (se bem que o bolo original não tem cobertura):
- 2 xícaras (chá) de açúcar
- ½ xícara (chá) de água
- 2 xícaras (chá) de coco ralado fresco

Modo de preparar:
Preaqueça o forno em temperatura média. Bata as claras em neve e reserve. Na batedeira, em outra tigela, bata as gemas, a farinha, o açúcar, o coco ralado e a manteiga até obter um creme bem denso. Em seguida, acrescente as claras em neve e mexa com delicadeza até que estejam bem incorporadas.

Despeje a massa em uma forma untada e leve ao forno por 50 minutos. A massa fica pesada por causa dos ovos e da manteiga, por isso demora para assar. Lembre-se de não abrir o forno na primeira meia hora.

Para fazer a cobertura, junte numa panela o açúcar e a água e deixe o açúcar derreter em fogo médio até o ponto de calda média. Jogue a calda em cima do bolo e cubra com o coco ralado fresco.

Capitu vem para o jantar

O BOLO DE COCO DE EMILY DICKINSON

O ARROZ-DOCE DE DONA FLOR E SEUS DOIS MARIDOS, DE JORGE AMADO

A IDEIA DE APRENDER A COZINHAR COM MEUS ESCRITORES PREFERIDOS RENDEU COISAS BOAS. Primeiro porque, é claro, consegui desenvolver meus dotes culinários enquanto me divertia capturando receitas nas páginas das minhas obras mais queridas.

Além disso, as pessoas ao meu redor acabam incentivando a empreitada com ideias, receitinhas, dicas e, às vezes, presentinhos.

Foi o que aconteceu no último Natal.

Uma tia me presenteou com o livro *A comida baiana de Jorge Amado*, de Paloma Jorge Amado — ninguém mais, ninguém menos que a filha do escritor.

É um livro delícia para quem, como eu, adora a simbiose entre gastronomia e literatura.

É claro que a obra traz receitas de bolos, sobremesas, refeições completas...

Optei pelo arroz-doce porque é fácil de fazer e porque eu simplesmente amo arroz-doce. Fiquei ainda mais curiosa quando vi que a receita de Jorge Amado não leva leite condensado.

Você já deve saber, mas não custa lembrar.

Dona Flor e seus dois maridos é um livro obrigatório e divertidíssimo. Conta a história de uma merendeira que ganha a vida dando aulas de culinária na escola "Sabor & Arte". Flor foi casada com Vadinho, um boêmio que, em um dia de Carnaval, cai morto na rua.

Com o passar do tempo, Flor acaba cedendo às investidas do dr. Teodoro e se casa novamente, mas nunca supera a morte do primeiro marido.

Vadinho e Teodoro têm personalidades completamente opostas. O tipo físico e os dotes culinários também

Você sabia?

Publicado em 1966, *Dona Flor e seus dois maridos* descreve com muita ironia e com sabores fortes a cidade de Salvador nos anos 1940. A obra é um incrível livro de receitas típicas baianas. Impossível ler sem ficar com água na boca.

O filme foi lançado em 1976, dirigido por Bruno Barreto e protagonizado por Sônia Braga, José Wilker e Mauro Mendonça.

são muito diferentes. Teodoro é um homem sério, mais velho e que gosta de canjica e arroz-doce.

Vadinho, por sua vez, era um boêmio incorrigível que se esbaldava com a cozinha porreta da esposa, inventando para ela apelidos como "meu acarajé gostoso" ou "minha franguinha gorda".

A receita a seguir foi oferecida a Zélia Gattai, escritora e esposa de Jorge Amado, por Elisa Salema, esposa do escritor português Álvaro Salema.

Segundo o livro organizado pela neta de Jorge, o arroz-doce aparece também nas obras *Cacau*, *Jubiabá* e *O sumiço da santa*.

Ingredientes:

- 7 punhados de arroz de goma (se não encontrar, compre um arroz que desmanche ao cozinhar — dica retirada do próprio livro)
- 2½ litros de leite
- Casca de 2 limões
- 1 colher (sopa) de manteiga
- Açúcar a gosto
- 7 gemas de ovos grandes
- Canela em pó a gosto

Modo de preparar:

Em uma panela, coloque o arroz e cubra-o com o leite, deixando-o descansar por 2 horas.

Acrescente a casca dos limões e leve a panela ao fogo até que o arroz fique bem cozido.

Tire a panela do fogo, junte a manteiga, tempere com açúcar e coloque as gemas.

Volte com a panela ao fogo até que a mistura engrosse. Coloque em uma travessa para esfriar e polvilhe com canela.

Doce leitura: o açúcar escondido em nossos livros favoritos

O ARROZ-DOCE DE DONA FLOR E SEUS DOIS MARIDOS

149

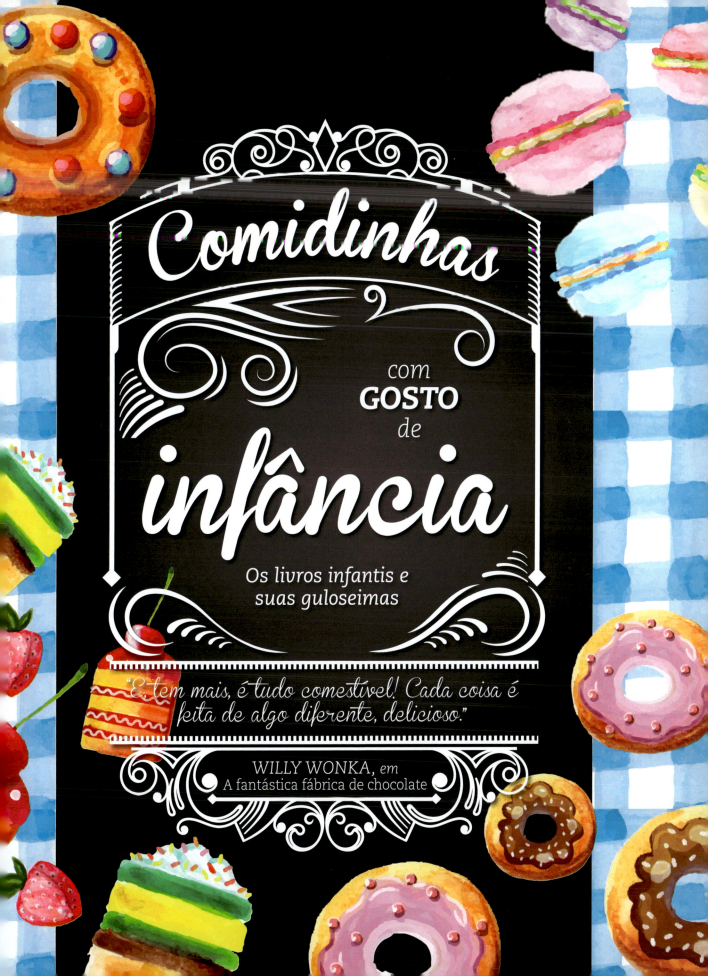

O CHOCOLATE QUENTE DE *A FANTÁSTICA FÁBRICA DE CHOCOLATE*, DE ROALD DAHL

Nível de
DIFICULDADE

Uma vez, fui convidada por uma escola de São Paulo para ensinar uma turminha da primeira série a fazer as balas de caramelo do livro *A fantástica fábrica de chocolate (Charlie and the Chocolate Factory)*.

Eu tinha acabado de publicar a receita no blog, e, como os alunos estavam lendo a obra de Roald Dahl, as professoras acharam que seria legal cozinhar algumas daquelas delícias com as crianças.

É claro que eu topei.

Mas era a primeira vez, desde que havia começado o projeto, em que eu colocaria em prática ao vivo, com público, as minhas peripécias como cozinheira.

Então, nem preciso falar como fiquei nervosa. Cozinhar em casa, sozinha, é uma coisa. Cozinhar para vinte crianças é outra completamente diferente.

Um dia antes de ir até a escola, fiz tantas balas para treinar que a minha cozinha poderia ser chamada de a fantástica fábrica de caramelo.

Fora o apuro de saber fazer a bala, eu precisava lidar com o nervosismo de conhecer a turminha. Será que eles iam gostar da bala? Será que tudo ia dar certo? Será que eles iam curtir a experiência?

Então lá fui eu com a panela debaixo do braço e os ingredientes dentro da bolsa.

Chegando à escola, fui recepcionada por uma galerinha animada que encheu meu peito de alegria.

E foi lindo! Todos tão fofos e simpáticos... Me fizeram sentir na cozinha de casa.

Conversamos sobre o livro de Roald Dahl e eles me encheram de perguntas lindas. Por que comecei a cozinhar? Qual era a minha receita preferida? Qual a receita feita com chocolate de que eu mais gostei?

Você sabia?

A fantástica fábrica de chocolate foi publicado em 1964.

Roald Dahl criou essa história baseado em sua própria infância. Na época, o fabricante dos chocolates Cadbury, umas das maiores empresas do mundo, mandava seus produtos para as escolas a fim de que as crianças os provassem.

Só que o fabricante dos chocolates Rowntree começou a fazer o mesmo, e as duas empresas passaram a brigar pelos segredos das receitas e pela exclusividade dos clientes. A competição durou anos!

Comidinhas com gosto de infância

Eles tinham recriado uma fábrica de chocolate que impressionaria até o mais cético Willy Wonka.

Juntos, nós fizemos muitas balas de caramelo. E ficaram uma delícia. O mais emocionante: os pequeninos haviam preparado uma surpresa. Estavam todos prontos para me ensinar a fazer chocolate quente.

Lembra?

Charlie descobre que o grande rio marrom que corre dentro da fábrica é feito de chocolate quente.

Willy Wonka diz: "Tem chocolate suficiente para encher todas as banheiras do país inteiro! E todas as piscinas, também".

Quem nunca leu esse trecho e ficou com água na boca? Morrendo de vontade de tomar um belo chocolate quente?

Então, eu e mais vinte pequenos Willy Wonkas passamos a tarde fazendo chocolate quente! Que tarde delícia!

Esta aqui é a receita que eles me ensinaram.

Ingredientes:

- 2 barras de chocolate ao leite de 170 g
- 1 lata de creme de leite
- 1 copo americano (200 ml) de leite integral
- 1 colher (sopa) de chocolate em pó

Modo de preparar:

O primeiro passo é dividir uma barra de chocolate ao meio. Uma das metades você rala, e a outra derrete em banho-maria ou no micro-ondas.

Depois, é só passar a borda da caneca no chocolate derretido, para que ela fique coberta de chocolate. Em seguida, faça o mesmo com o chocolate ralado, para que ele grude no derretido.

Derreta a outra barra de chocolate em banho-maria, acrescente o creme de leite e misture até obter a consistência cremosa de uma ganache.

Montar o chocolate é simples: coloque uma colher (sopa) da ganache no fundo da caneca, cubra com o leite fervido e finalize com uma colher (sopa) de chocolate em pó.

Capitu vem para o jantar

O CHOCOLATE QUENTE DE A FANTÁSTICA FÁBRICA DE CHOCOLATE

O BOLO DE CHOCOLATE DE HARRY POTTER E A PEDRA FILOSOFAL, DE J. K. ROWLING

Nível de DIFICULDADE

TALVEZ VOCÊ NÃO SE LEMBRE QUE O BRUXO MAIS AMADO DA LITERATURA FAZ ANIVERSÁRIO NO DIA 31 DE JULHO.

Apesar de serem mais de trinta velinhas, você deve se recordar de quando Harry completou onze anos. Foi essa data que marcou a descoberta sobre o mundo bruxo, a ida para Hogwarts e, claro, o primeiro bolo de aniversário dele.

Em *Harry Potter e a pedra filosofal* (*Harry Potter and the Philosopher's Stone*, 1997) descobrimos que Harry é conhecido no outro mundo como "o menino que sobreviveu". Isso porque, quando bebê, ele e seus pais foram atacados por Lorde Voldemort, o bruxo mais poderoso do mundo.

Lílian e Thiago Potter não sobreviveram ao confronto, mas o bebê, inexplicavelmente, escapou quase que ileso. Ganhou apenas uma cicatriz na testa.

A partir desse momento, Harry é criado pelos seus tios trouxas, termo usado para designar aqueles que não são bruxos.

Até os onze anos, o menino não faz ideia das suas origens nem do que o futuro lhe reserva.

Tudo muda quando ele começa a receber cartas que o convocam para se matricular na Escola de Magia e Bruxaria de Hogwarts. No dia do seu aniversário de onze anos, o garoto recebe a visita de Hagrid, guarda-caças de Hogwarts, que finalmente lhe revela que ele é um bruxo e tem uma vaga reservada na escola de magia, entregando-lhe um grande e pegajoso bolo de chocolate com glacê verde.

É claro que o bolo de chocolate merece crédito, mas eu gosto muito da relação entre Harry e Hagrid ao longo de todos os volumes da série.

E achei que o início dessa amizade merecia ser homenageado.

Capitu vem para o jantar

Você sabia?

Depois que terminamos de ler a saga, bate aquela curiosidade. Como será que Harry tocou a vida depois de toda aquela aventura?

J. K. Rowling decidiu escrever um conto sanando essa dúvida. Publicado em 8 de julho de 2014, em plena Copa do Mundo, no site da editora Pottermore, o conto fez um sucesso estrondoso. Trata-se de uma reportagem da fictícia jornalista Rita Skeeter com o título "A armada de Dumbledore se reúne na Copa do Mundo de Quadribol" ("Dumbledore's Army Reunites at Quidditch World Cup Final").

Ingredientes para a massa:
- 6 ovos
- 1 pitada de sal
- 1 copo americano (200 ml) de água
- 3 xícaras (chá) de farinha de trigo
- 2 xícaras (chá) de açúcar
- 3 colheres (sopa) de cacau em pó
- 1 colher (sopa) de fermento

Para a cobertura:
- 2 barras de 140 g de chocolate ao leite
- 1 lata de creme de leite

Para o glacê:
- 3 xícaras (chá) de açúcar
- 1 xícara (chá) de água
- 4 claras
- Corante alimentício verde

Modo de preparar:

Misture todos os ingredientes da massa, com exceção do fermento, e bata na batedeira por 5 minutos. Em seguida, acrescente o fermento e mexa delicadamente com uma espátula.

Despeje a massa em uma forma redonda untada e leve ao forno médio por 35 minutos.

Para fazer a cobertura, basta derreter o chocolate em banho-maria. Depois de derretido, misture o creme de leite até ficar homogêneo. Leve a cobertura à geladeira.

Para o glacê, leve o açúcar e a água ao fogo e mexa até obter ponto de fio.

Enquanto isso, bata as claras em neve na batedeira.

Quando a calda estiver pronta, derrame-a na batedeira e misture com as claras.

Bata até esfriar e acrescente o corante verde, misturando aos poucos.

Deixe na geladeira por 1 hora.

Coloquei a cobertura de chocolate na geladeira para ela dar uma engrossada e não derreter o glacê quando eu escrevesse "Feliz Aniversário, Harry!"!

Comidinhas com gosto de infância

O BOLO DE CHOCOLATE DE HARRY POTTER E A PEDRA FILOSOFAL

157

AS PERAS BÊBADAS DE PINÓQUIO, DE CARLO COLLODI

Nível de DIFICULDADE

CONHECI O PERSONAGEM PINÓQUIO PELA DISNEY, AINDA MUITO PEQUENA, MAS FOI SÓ QUANDO ENTREI NA FACULDADE E ESTUDEI OS CONTOS DE FADAS QUE DESCOBRI O LIVRO ENCANTADOR DE CARLO COLLODI.

Collodi iniciou sua carreira escrevendo para o catálogo de uma livraria em Florença, na Itália. Logo alcançou o sucesso e abriu o próprio jornal.

Em 1881, começou a publicar o *Giornale per i Bambini* o primeiro jornal infantil do país. Era ali que, semanalmente, um novo capítulo da "História de um boneco" era publicado — nada mais nada menos que a história de Pinóquio.

Vale dizer, no entanto, que o boneco do livro é menos fofo que o Pinóquio da Disney. Na obra de Collodi, Pinóquio é complicado, intolerante a crianças emburradas, preguiçoso e difícil de lidar.

Mas, assim como o boneco das telonas, no fundo ele só quer o bem do seu criador.

Acho que a diferença crucial entre o personagem do livro e o do filme está no fato de que ao logo das páginas não vemos aquela neura do boneco de querer virar um menino real. Ele é perfeitamente bem resolvido quanto a isso. Afinal, sabe falar, tem sentimentos, pode correr e comer.

Falando em comida, em determinado momento do livro, Pinóquio foge da casa de Gepeto, toma chuva, passa frio e, quando decide voltar, morto de fome, se deita perto da lareira para se esquentar e acaba caindo no sono. Mas nós estamos falando de um boneco de madeira, lembra?

Quando ele acorda, seus pés estão carbonizados. Pinóquio não consegue mais andar e rasteja pelo chão.

Nesse momento, Gepeto chega com algumas peras que trouxe para o jantar.

Vendo sua criação naquele sofrimento, entrega as frutas para o boneco.

Pensando nisso, fiz uma receita de peras bêbadas, ou seja, peras cozidas no vinho tinto.

Já que a história foi escrita em Florença, que tal escolher um vinho da região da Toscana?

Você sabia?

Quando *Pinóquio* virou filme da Disney, a equipe de roteiristas decidiu transformar o boneco em um personagem mais politicamente correto.

O conto original é bastante sombrio em alguns momentos. Para você ter uma ideia, o grilo falante é esmagado por Pinóquio logo no começo do livro.

Outra curiosidade: Carlo Collodi era maçom. Ao longo do livro, é possível observar diversas simbologias da maçonaria.

Comidinhas com gosto de infância

AS PERAS BÊBADAS DE PINÓQUIO

Ingredientes:
- 6 peras
- 400 g de açúcar
- 1 litro de vinho tinto seco (de preferência bem encorpado)
- 2 paus de canela

Modo de preparar:
Descasque as peras, se possível mantendo o cabinho. Assim ficará mais fácil virá-las durante o cozimento. Em uma panela, derreta o açúcar até obter um caramelo. Em seguida, acrescente o vinho e a canela. (Cuidado: vai espirrar bastante.) Coloque as peras na panela e deixe cozinhar até que fiquem macias. (Espete com um garfo ou um palitinho para saber se estão cozidas.) Sirva ainda quente com a calda por cima.

A MAÇÃ DO AMOR
DO CONTO "BRANCA DE NEVE", DOS IRMÃOS GRIMM

Nível de
DIFICULDADE

"BRANCA DE NEVE" FOI LANÇADO EM 1822, COMO PARTE DE UM LIVRO CHAMADO *CONTOS DE FADA PARA CRIANÇAS E ADULTOS*, DOS IRMÃOS GRIMM.
O que os irmãos faziam era passar para o papel narrativas contadas pela tradição oral.

Portanto, o causo da Branca de Neve é ainda muito mais antigo do que isso. E a história é muito diferente daquela que você conheceu quando criança.

Espero não arruinar as lembranças da sua infância.

Branca de Neve é uma garota de sete anos que está crescendo muito bonita e causando inveja na madrasta, a Rainha Má.

O espelho mágico da Rainha repete constantemente que a mais bonita do reino é a enteada. Enfurecida, a Rainha Má encomenda a um caçador a morte da pequena. E não é só: o caçador deve trazer não só o coração, mas todos os outros órgãos da menina para que a Rainha coma no jantar.

O caçador vai atrás de Branca de Neve na floresta, mas, consternado com a beleza da criança, decide deixá-la fugir. Ele mata um javali e leva os órgãos do animal para a Rainha — que se delicia em um vingativo jantar.

Enquanto isso, Branca de Neve encontra na floresta uma pequena casa onde moram sete anões. Os donos da casa permitem que ela fique com eles, com a condição de que, em troca, Branca de Neve cozinhe, lave, passe, limpe a casa etc.

No castelo, o espelho mágico denuncia que Branca de Neve ainda está viva. Então, a Rainha Má se transforma em uma velha vendedora de utensílios domésticos e vai até a casa dos anões.

Branca de Neve atende a mulher e compra dela uma fita para amarrar no vestido. A mulher amarra a fita tão forte na cintura da criança que ela cai desmaiada, sem conseguir respirar.

Você sabia?

A história de Branca de Neve já foi explorada de todas as formas possíveis.

Para você ter uma ideia, o primeiro filme inspirado na obra foi um curta mudo e em preto e branco datado de 1902.

Claro que a versão mais conhecida é a da Disney, produzida em 1937, mas nesse filme Branca de Neve tem catorze anos — sendo a mais nova de todas as princesas da Disney.

Aliás, vale dizer que Branca de Neve foi a primeira princesa dos estúdios.

Quando os anões voltam para casa e encontram a menina desacordada, percebem que é a fita que a está sufocando. Desamarrada, ela volta à vida.

No castelo, obviamente, o espelho avisa que Branca de Neve continua viva.

Furiosa, a Rainha retorna à casa dos anões, desta vez com a intenção de vender um pente envenenado. Assim que Branca passa o pente no cabelo, cai no chão, desmaiada.

Mais uma vez, os sábios anões a salvam ao retirar o pente envenenado de suas madeixas.

A Rainha Má decide que não haverá mais escapatória e retorna para a casa dos anões oferecendo uma maçã vermelha e brilhante para Branca de Neve. A menina aceita e cai morta, envenenada.

Os anões tentam acordá-la, mas todas as tentativas são em vão.

Então, os homenzinhos a colocam em um caixão de vidro e a velam na floresta.

Nesse momento, surge um príncipe que decide comprar o caixão. Os anões vão com a cara do bonitão e oferecem o caixão de graça. No castelo do príncipe, um servo é colocado de prontidão para vigiar o caixão dia e noite.

Um dia ele tropeça em alguma coisa e cai bem em cima do estômago de Branca de Neve. Com a pancada, ela cospe o pedaço de maçã envenenada que estava entalado em sua garganta.

Ela volta à vida e se casa com o príncipe.

(Lembrando que ela tem apenas sete anos, ok?).

Para se vingar, durante a festa de casamento, ela faz a Rainha usar um sapato pegando fogo que a faz dançar até morrer.

E todos viveram felizes para sempre.

Sim, a história do beijo de amor verdadeiro foi inventada pela Disney.

Capitu vem para o jantar

A MAÇÃ DO AMOR DO CONTO "BRANCA DE NEVE"

Ingredientes:
- 5 maçãs pequenas
- 500 g de açúcar
- 250 ml de água
- 1 colher (chá) de vinagre
- Corante alimentício cor de vinho
- 5 palitos de sorvete

Modo de preparar:

Fure as maçãs e enfie nelas os palitos de sorvete.

Em uma panela, coloque todos os ingredientes menos as maçãs e deixe em fogo alto até ferver.

O segredo da maçã do amor é não usar colher, mas apenas mexer a panela. A colher quebra o ponto do caramelo.

Depois que a calda ferver, baixe o fogo para médio e espere cerca de 20 minutos.

Para testar o ponto de caramelo, pingue um pouco da calda em um copo de água. Se ficar duro rapidamente, esse é o ponto.

Coloque as maçãs dentro da panela e vá cobrindo-as com o caramelo. Faça tudo muito rápido, antes que o caramelo endureça.

Deixe as maçãs secarem em uma superfície untada com óleo.

O CUPCAKE COMA-ME DE ALICE NO PAÍS DAS MARAVILHAS, DE LEWIS CARROLL

Nível de DIFICULDADE

ALICE NO PAÍS DAS MARAVILHAS (ALICE IN WONDERLAND, 1865) É UM DAQUELES LIVROS PARA LER VÁRIAS VEZES AO LONGO DA VIDA. BOM, PELO MENOS DUAS VEZES SÃO OBRIGATÓRIAS.

Uma vez quando criança. Para se encantar com as alegorias e se imaginar vivendo naquele país.

Uma vez na vida adulta, quando temos maturidade para compreender as mensagens escondidas por Lewis Carroll.

E são tantas mensagens! Lembrei agora da belíssima crônica "Para Maria da Graça", do escritor mineiro Paulo Mendes Campos. O texto é um presente para uma jovem que completa quinze anos. Na ocasião, ele oferece a ela o livro *Alice no País das Maravilhas* e divaga sobre as mensagens da obra.

O escritor espera que Maria da Graça não se assuste, mas avisa que a história é maluca. É bom que ela saiba, aliás, que o nosso mundo é tão maluco quanto o de Alice e que, ao longo da vida, Maria terá que enfrentar muitas aventuras como as vividas pela personagem.

Ele pede que Maria da Graça não se espante quando acordar um dia e vir o mundo irreconhecível. Isso acontece muitas vezes ao longo do ano.

Segundo ele, a menina também deve se preparar para as diversas vezes em que se sentirá diminuída a ponto de parecer que está se afogando no rio das próprias lágrimas.

Acho essa crônica incrível e aconselho que você a leia o quanto antes.

Todos nós somos Marias da Graça e podemos aproveitar os conselhos de Paulo Mendes Campos, porque a vida é isso mesmo.

Comidas polêmicas

Quando *Alice no País das Maravilhas* foi escrito, em 1862, a Inglaterra enfrentava uma polêmica que envolvia a adulteração de alimentos.

Em certas confeitarias foram encontrados resquícios de gesso em doces e até mesmo doses pequenas de arsênico na farinha usada na massa de pão.

Alguns estudiosos garantem que Carroll aproveitou para criticar essa situação em seu livro.

Comer no País das Maravilhas era perigoso. Tortas e sopas estavam contaminadas com pimenta forte, e bebidas estranhas faziam você diminuir de tamanho. Já os bolinhos faziam a pessoa crescer.

Capitu vem para o jantar

Você sabia?

A comida e a bebida realmente desempenham um papel importante em *Alice no País das Maravilhas*, talvez porque Lewis Carroll era apaixonado por gastronomia. Aos vinte e três anos, escreveu um manual irônico de etiqueta à mesa.

Um de seus conselhos: "Como regra geral, não chute as canelas do cavalheiro oposto a você por baixo da mesa".

Espalhados por aí existem diversos vidrinhos com uma bebida especial. "Beba-me", dirá ela. E é claro que nós vamos beber.

Vai ter gosto de torta de cereja, creme de ovos, leite e açúcar, abacaxi, peru assado e torradas quentes. Mas vai nos deixar pequeninos como insetos.

Às vezes, assim como Alice, vamos ficar com medo de desaparecer como uma vela.

Mas é preciso lembrar sempre: Alice só conseguiu entrar no País das Maravilhas porque ficou pequenina, exatamente do tamanho do portão de entrada daquele encantador jardim.

E não é assim mesmo que funciona? É só nas horas de dificuldade que reparamos nas portas de emergência que nos levam a alguma saída.

Muitas vezes a vida nos entrega um apetitoso cupcake que vai nos salvar dessa situação diminutiva. "Coma-me", ele vai dizer. E é claro que vamos comer.

Só que, assim como acontece com Alice, precisamos tomar cuidado para não bater a cabeça no teto. Algumas pessoas crescem demais e nunca chegam a voltar ao normal.

E tudo que é extremo é perigoso.

Enquanto estivermos muito grandes, olhando o mundo lá do alto, não vamos conseguir encontrar a portinha de vinte e cinco centímetros que leva ao País das Maravilhas.

Ingredientes:

- 200 g de açúcar
- 100 g de manteiga
- 2 ovos
- 1 colher (chá) de essência de baunilha
- 200 g de farinha de trigo
- 2 colheres (sopa) de chocolate em pó
- 1 colher (sopa) de fermento em pó
- 125 ml de leite

Confeitos para decorar:

- Glacê da cor que você preferir (use a receita do bolo de chocolate de *Harry Potter e a pedra filosofal*, na página 156)

Modo de preparar:

Forre com papel forminhas de cupcake. Bata na batedeira o açúcar e a manteiga até formar um creme. Acrescente os ovos e a baunilha e continue batendo. Adicione a farinha aos poucos, o chocolate em pó e em seguida o fermento. Por último, coloque o leite e misture até obter um creme bem homogêneo.

Coloque a massa nas forminhas e asse em forno baixo por 25 minutos ou até que os bolinhos tenham crescido e estejam douradinhos.

Enfeite como você preferir e escreva "Coma-me" com o glacê e os confeitos.

Comidinhas com gosto de infância

O CUPCAKE COMA-ME DE ALICE NO PAÍS DAS MARAVILHAS

165

O SANDUÍCHE DE PASTA DE AMENDOIM E BANANA DE PERCY JACKSON, DE RICK RIORDAN

Nível de DIFICULDADE

A JULGAR PELO NÚMERO DE VEZES EM QUE O SANDUÍCHE DE PASTA DE AMENDOIM APARECE NA SÉRIE DE CINCO LIVROS SOBRE PERCY JACKSON, ACHO MESMO QUE RICK RIORDAN É UM FÃ DESSA IGUARIA.

Tem pasta de amendoim para todos os gostos. Pura, dentro do pão, com banana e até, minha nossa, com ketchup.

Comer pasta de amendoim é um costume norte-americano. Sempre me lembro do lanche preferido de Elvis Presley: muito bacon, colheradas e mais colheradas de pasta de amendoim e uma camada bem grossa de geleia de uva.

Mas a história desse creme é bem mais antiga e curiosa. A primeira menção ao amendoim foi registrada em 950 a.C., na América do Sul. Os incas foram os primeiros a fazer a pasta de que estamos falando aqui, e existem notícias de amendoins encontrados em túmulos no Peru.

De qualquer forma, a invenção da pasta como conhecemos hoje é geralmente creditada a George Washington Carver. Carver nasceu escravo no Missouri, nos Estados Unidos, em 1864, e sempre se dedicou a estudar alternativas agrícolas para cultivar o amendoim. Concluiu a faculdade com trinta anos e nunca deixou de pesquisar. Segundo ele, existem mais de trezentas utilizações possíveis para o amendoim, e cento e cinco delas são receitas, incluindo a pasta.

O fato é que, se você começar a prestar atenção em seus livros preferidos — principalmente americanos — pelo viés gastronômico, vai perceber que a pasta de amendoim está sempre presente, compondo a rotina das pessoas.

Nas histórias protagonizadas por Percy Jackson, um semideus filho de Poseidon, esse ingrediente aparece muitas e muitas vezes. Escolhi fazer o sanduíche de pasta de amendoim com banana, que é uma delícia.

Você sabia?

Percy Jackson & os olimpianos (*Percy Jack & the Olympians*) é uma série de cinco livros que contam a história do garoto semideus Percy Jackson após descobrir que é filho de Poseidon.

O primeiro volume foi lançado em 2005, e, desde então, a série já vendeu mais de cinquenta milhões de cópias em todo o mundo.

A inspiração surgiu das histórias que Rick Riordan contava para o filho, que havia sido diagnosticado com dislexia.

Riordan havia sido professor de mitologia grega, daí a facilidade para criar tramas envolvendo os deuses do Olimpo.

Vale comentar que o autor enfrentou diversas acusações de plágio de outra série famosa: Harry Potter, de J. K. Rowling.

Comidinhas com gosto de infância

O SANDUÍCHE DE PASTA DE AMENDOIM E BANANA DE PERCY JACKSON

Ingredientes:

- 2 fatias de pão de forma
- 1 colher (sopa) de manteiga
- 2 colheres (sopa) bem cheias de pasta de amendoim (faça a receita do livro *Doce procura*, na página 140)
- 1 banana cortada em rodelas

Modo de preparar:

Passe manteiga nos dois pães e leve-os para dourar em uma frigideira. Tire os pães do fogo e recheie com a pasta de amendoim. Por último, coloque as rodelas de banana e feche o sanduíche.

O PUDIM DE CHOCOLATE DE PETER PAN, DE J. M. BARRIE

Nível de DIFICULDADE

PETER PAN FOI CRIADO POR JAMES MATTHEW BARRIE, OU J. M. BARRIE, EM 1902.

A inspiração para escrever uma peça de teatro sobre um menino que nunca cresceu veio do irmão de James, David, que morreu aos treze anos, quando patinava no gelo. A mãe do escritor nunca superou essa perda, e costumava dizer que a única coisa que lhe consolava era saber que o filho seria um garotinho para sempre.

Mas há outra versão dessa história: J. M. Barrie teria se inspirado em Peter, Michael e George, filhos de Sylvia Llewelyn Davies. O escritor mantinha uma amizade muito forte com essa mulher e uma relação muito próxima com seus filhos, e esse relacionamento faz parte do roteiro do filme *Em busca da Terra do Nunca* (Finding Neverland), protagonizado por Johnny Depp e Kate Winslet.

O fato é que o garotinho Peter Pan foi criado em 1902 e encenado pela primeira vez, em Londres, no dia 27 de dezembro de 1904. Mas só virou livro em 1911.

No livro de J. M. Barrie, cada criança tem a sua própria Terra do Nunca escondida na alma. Essa terra fica ali pertinho das lembranças da mãe servindo o nosso pudim de chocolate preferido.

Eu provavelmente era muito pequena quando li *Peter Pan* pela primeira vez, mas me lembro claramente das descrições da Terra do Nunca que cada criança tem na mente.

Lembro por exemplo que a Terra do Nunca de John tem um lago sobrevoado por flamingos. Já a de Michael tinha lagos sobrevoando flamingos. A de Wendy tinha casas de folhas costuradas umas nas outras.

E a minha?

Bom, a minha Terra do Nunca devia ser uma bagunça, cheia de meias penduradas pelos móveis, livros jogados no chão, bruxas escondidas debaixo da cama, mas muitas e muitas comidinhas gostosas — como o pudim de chocolate, descrito por J. M. Barrie como o preferido das crianças.

E a sua Terra do Nunca? Como seria?

Você sabia?

Em 1929, J. M. Barrie doou os direitos de *Peter Pan* para o Great Ormond Street, um hospital para crianças de Londres.

O escritor morreu em 1937, de pneumonia, e está enterrado em Angus, na Escócia.

Comidinhas com gosto de infância

O PUDIM DE CHOCOLATE DE PETER PAN

Ingredientes para a calda:
- 1 xícara (chá) bem cheia de açúcar

Para o pudim:
- 3 ovos
- 1 lata de leite condensado
- 2 latas de leite integral (use a lata de leite condensado como medida)
- 1 xícara (chá) de chocolate em pó

Modo de preparar:
Bata todos os ingredientes do pudim no liquidificador. Em uma panela, derreta o açúcar em fogo médio. Em seguida, acrescente ½ xícara (chá) de água e deixe o caramelo derreter.
Espalhe o caramelo em uma forma de alumínio com um furo no meio e em seguida despeje nela a massa do pudim.
Cubra a forma com papel-alumínio e leve ao forno médio, em banho-maria, por 1 hora e meia.
Depois de assado, deixe na geladeira por 6 horas.
Desenforme antes de servir.

A RABANADA DE O MEU PÉ DE LARANJA LIMA, DE JOSÉ MAURO DE VASCONCELOS

Nível de DIFICULDADE

A RABANADA APARECE LOGO NO INÍCIO DE O MEU PÉ DE LARANJA LIMA, NO CAPÍTULO "OS DEDOS MAGROS DA POBREZA".

A história é a seguinte: na noite de Natal, Dindinha está na cozinha preparando os ingredientes para a ceia.

Ceia... Haveria apenas rabanada com vinho.

Zezé, o protagonista, comenta com o irmão, Totoca, que tem gente que nem isso terá, mas lamenta que não vai ganhar nada do Papai Noel.

O diálogo entre eles é triste. Totoca acredita que talvez o Menino Jesus não seja tão bom assim. Zezé não vai ganhar presente porque foi um menino ruim, mas e quanto aos outros? Tão bons e também não vão ganhar nada.

Mais adiante, Zezé confidencia ao leitor que a ceia foi triste, mais parecendo o velório que o nascimento do menino Jesus.

O meu pé de laranja lima foi escrito em apenas doze dias. José Mauro de Vasconcelos se inspirou em sua própria infância, difícil e humilde, para contar a história de Zezé.

Você sabia?

Ninguém sabe muito bem onde surgiu a rabanada, mas a sua origem é constantemente atribuída a um costume português.

Durante o século XV, acreditava-se que o doce ajudava as mulheres a produzir mais leite logo após o parto. É por isso que em Portugal a rabanada também é conhecida como "fatia de parida".

Essa crença começou com uma lenda. Dizem que uma mulher muito pobre estava desesperada porque não conseguia amamentar o seu bebê. Ela então ensopou a única fatia de pão que tinha em um pouco de leite adoçado, e depois disso conseguiu ter leite para o seu filho por muito tempo.

Comemos rabanadas no Natal para simbolizar o desejo de fartura e prosperidade.

Lanchinhos para acompanhar a leitura

A RABANADA DE O MEU PÉ DE LARANJA LIMA

Ingredientes:
- 3 pães franceses amanhecidos
- 1 copo americano (200 ml) de vinho branco
- 1 copo de leite
- 2 ovos
- Açúcar a gosto
- Canela a gosto

Modo de preparar:
Corte os pães em rodelas grossas e reserve. Coloque o vinho branco em um prato e, em outro, o leite misturado com os ovos batidos. Mergulhe as rodelas de pão no prato de vinho e em seguida no prato de leite com ovos. Frite em óleo quente, escorra e passe no açúcar misturado com canela.

O BOLO DE MARACUJÁ DE TATIANA BELINKY

Nível de DIFICULDADE

EU TIVE O PRIVILÉGIO DE ENTREVISTAR TATIANA BELINKY PARA UMA MATÉRIA SOBRE A BELEZA DA TERCEIRA IDADE.

A escritora, então com noventa e quatro anos completos, divagou sobre o assunto com ares divertidos:

— Não sou velha. Sou antiga.

Passei uma tarde inteira ouvindo Tatiana falar sobre sua infância e os causos engraçados da vida.

Durante o bate-papo, comemos um bolo de maracujá inteirinho, enquanto a moça que cuidava da escritora repreendia:

— Dona Tatiana, a senhora não pode. A diabetes!

Tatiana soltava uma gargalhada contagiante.

— Por que eu não posso? Me deixa viver! — Enfiando mais um pedaço na boca, ela proclamava: — Já estou fazendo hora extra neste mundo. Pelo menos que seja com bolo de maracujá.

Nunca esqueci o sabor daquele bolo. Fofo e azedinho por causa da calda feita com a fruta. O que eu não sabia naquele momento é que já estava gostando da maravilhosa simbiose entre literatura e gastronomia.

Afinal, não é sempre que podemos conhecer uma escritora que marcou a nossa infância. E não é sempre que podemos comer um bolo de maracujá inteirinho com ela.

Naquela tarde nós falamos bastante sobre a morte. Tatiana nunca demonstrou ter medo da "dentuça armada em foice", como ela mesma definia. Alguns meses depois, ela se foi.

Ainda lembro quando recebi a notícia. Lamentei que o mundo estivesse mais triste sem essa escritora maravilhosa e esse ser humano incrível, mas fiquei aliviada que ela tenha comido bolo de maracujá sempre que lhe deu vontade.

O sábio Marcel Proust falou sobre as memórias involuntárias acionadas por um cheiro ou um sabor. Sempre que eu sentir cheiro de bolo de maracujá, vou ser transportada instantaneamente para aquela tarde deliciosa com Tatiana Belinky.

Você sabia?

Tatiana Belinky teve uma carreira bem-sucedida desde cedo. Entre as diversas adaptações de livros que ela fez para o teatro e a TV, *O Sítio do Pica-Pau Amarelo* é uma das mais lembradas. A novelinha estreou na TV Tupi em 1952.

O seu primeiro livro, *Limeriques*, foi lançado quando Tatiana estava com sessenta e oito anos. Dois anos depois ela recebeu o Prêmio Jabuti com essa obra, voltada ao público infantil.

Em 2010, aos noventa anos, a escritora passou a ocupar a cadeira número 25 da Academia Paulista de Letras.

Comidinhas com gosto de infância

O BOLO DE MARACUJÁ DE TATIANA BELINKY

Ingredientes para o bolo:
- 3 ovos
- 2 xícaras (chá) de açúcar
- ¾ xícara (chá) de óleo
- 3 xícaras (chá) de farinha de trigo
- Polpa de 1 maracujá com os caroços
- 1 colher (sopa) de fermento em pó

Para a calda:
- 1 xícara (chá) de açúcar
- ½ xícara (chá) de água
- Polpa de 1 maracujá

Modo de preparar:
Bata na batedeira os ovos, o açúcar e o óleo. Acrescente a farinha aos poucos e a polpa de maracujá. Em seguida, adicione o fermento em pó e mexa só para misturar. Coloque em uma forma untada com manteiga e polvilhada com farinha e leve ao forno médio por cerca de 40 minutos.

Enquanto isso, leve ao fogo, mexendo sempre, a água e o açúcar, até quase dar ponto de fio. Para saber se a calda está em ponto de fio, despeje um pouco em um pires. Deixe esfriar e em seguida aperte a calda com a ponta do dedo. Se, ao puxar o dedo, a calda formar um fio e não se quebrar, está no ponto certo.

Desligue o fogo, acrescente a polpa de maracujá e misture. Despeje a cobertura sobre o bolo e sirva ainda quentinho.

O BOLINHO CAIPIRA DE O MINOTAURO, DE MONTEIRO LOBATO

Nível de DIFICULDADE

LANÇADO EM 1939, O MINOTAURO COMEÇA NA FESTA DE CASAMENTO DE BRANCA DE NEVE COM O PRÍNCIPE. A FESTA É INVADIDA POR MONSTROS E TIA NASTÁCIA É RAPTADA PELO MONSTRO MITOLÓGICO QUE DÁ NOME AO LIVRO.

A turma do Sítio do Pica-Pau Amarelo viaja, então, para a Grécia Antiga a bordo do *Beija-Flor das Ondas* a fim de salvar a velha cozinheira, feita refém na ilha de Creta.

Tia Nastácia está tão apavorada que começa a fazer centenas de bolinhos com o intuito de se distrair. É a sua sorte, pois o Minotauro prova um dos bolinhos e se encanta com o sabor, libertando a refém — com a condição de que ela asse centenas de bolinhos antes de partir.

Pois saiba que o bolinho caipira da Tia Nastácia não encantou só o Minotauro. Em outras obras de Monteiro Lobato, descobrimos que esse quitute cativou Alice do País das Maravilhas e Dom Quixote, além de adultos e crianças de todo o Brasil, que mandavam cartas aflitas para Dona Benta pedindo a receita.

Tia Nastácia sempre diz que não se incomoda em dar a receita, mas o segredo do famoso bolinho está no jeito de fazer.

Em 2014, tive a oportunidade de conversar com Marcia Camargos, pesquisadora que mergulhou no universo de Lobato e reuniu, no lindo livro *À mesa com Monteiro Lobato* (em coautoria com Vladimir Sacchetta), diversas curiosidades sobre a relação desse escritor com a mesa, mostrando que ele trazia para suas histórias elementos do seu dia a dia gastronômico.

Quando me encontrei com Marcia, tive a incrível oportunidade de provar os famosos bolinhos. Não sei se estavam iguais aos da Tia Nastácia, mas, que renderam elogios, renderam.

Pelo sim, pelo não, é sempre bom ter esta receita na manga. Vai que um dia o Minotauro resolve nos sequestrar.

Você sabia?

A paixão de Monteiro Lobato pela boa comida é contada em *À mesa com Monteiro Lobato*, de Marcia Camargos e Vladimir Sacchetta.

Uma curiosidade muito bacana que descobri nesse livro é que o escritor costumava carregar pedacinhos de rapadura no bolso para ir comendo durante o dia.

Comidinhas com gosto de infância

O BOLINHO CAIPIRA DE O MINOTAURO

175

Ingredientes:
- 1 cubo de caldo de carne dissolvido em 500 ml de água quente
- 250 g de carne moída
- Sal e pimenta-do-reino
- 1 cebola picada
- Alho a gosto
- 1 xícara (chá) de farinha de mandioca
- 2 xícaras (chá) de farinha de milho

Modo de preparar:
Leve o caldo de carne ao fogo e deixe ferver. Enquanto isso, refogue a carne moída com sal, pimenta, cebola e alho. Em uma tigela, misture as farinhas e vá acrescentando o caldo de carne até obter uma farofa úmida.

Pegue um punhado de massa na mão e amasse até formar uma cuia. Coloque dentro dela 1 colher (sopa) da carne refogada e cubra com mais um punhado de massa. Molde bolinhos ovais. Frite no óleo quente até dourar.

OS CROISSANTS DE A INVENÇÃO DE HUGO CABRET, DE BRIAN SELZNICK

Nível de DIFICULDADE

A INVENÇÃO DE HUGO CABRET (THE INVENTION OF HUGO CABRET, 2007) É UM DAQUELES LIVROS QUE VOCÊ PRECISA TER NA ESTANTE, MAIS PELA HOMENAGEM AO CINEMA DO QUE PELA HISTÓRIA EM SI.

Claro que é uma delícia acompanhar a trajetória de Hugo, um garoto que fica órfão e passa a viver em uma estação de Paris, mantendo o funcionamento dos relógios do local. O menino sobrevive comendo croissants que consegue roubar de vez em quando das confeitarias.

O que faz os olhos de Hugo brilharem é a missão de consertar um autômato, um boneco mecânico — projeto em que ele e o pai trabalhavam antes de uma tragédia atingir a família. E é aí que a sua vida se cruza com a do tio George e a da pequena Isabelle.

George é dono da loja de brinquedos onde Hugo encontra as peças necessárias para fazer o autômato voltar a funcionar. Isabelle ajuda o garoto nessa aventura. Juntos, os dois descobrem um mistério envolvendo o tio George.

O mistério é muito bacana, e acaba se tornando uma grande homenagem à história do cinema.

Brian Selznick ilustrou sua obra com imagens incríveis que imitam um rolo de filme.

Ele teve a ideia de escrever o livro após ficar sabendo da coleção de autômatos que pertenceu a Georges Méliès, considerado o pai dos efeitos especiais. Méliès foi um dos precursores do cinema, e sua obra mais famosa é *A viagem à Lua*, lançada em 1902.

Esse filme foi inspirado em dois livros, *Da Terra à Lua*, de Júlio Verne, e *Os primeiros homens na Lua*, de H. G. Wells.

Você sabia?

Ao contrário do que muitos pensam, a origem do croissant não é francesa.

O pãozinho em formato de meia-lua surgiu em Viena, na Áustria, no século XIII. Foi Maria Antonieta, nascida e criada em Viena, quem popularizou o croissant na França no século XVIII.

Comidinhas com gosto de infância

Além de cineasta, Méliès era inventor e ilusionista. A sua coleção de autômatos foi doada para um museu antes de sua morte.

Selznick imaginava que seria incrível uma criança encontrar alguns desses autômatos e, inspirado nessa fantasia, criou a história de Hugo, que agrada em cheio quem gosta de literatura, cinema e ilustração.

E agora vai agradar quem se interessa por gastronomia. Vamos aos croissants de Hugo Cabret?

Ingredientes para a massa:

- 30 g de fermento biológico
- 2 colheres (sopa) de açúcar
- ½ litro de leite
- 1 colher (chá) rasa de sal
- 900 g de farinha de trigo
- 150 g de manteiga divididos em 3 porções
- 1 gema para pincelar
- Sal e orégano a gosto
- 2 colheres (sopa) de óleo

Para o recheio:

- 300 g de muçarela

Modo de preparar:

Misture o fermento e o açúcar até que o fermento se dissolva. Acrescente o leite, o sal e, aos poucos, a farinha de trigo.

Sove a massa até que ela esteja bem homogênea e lisa. Com um rolo, abra a massa em uma superfície enfarinhada. Passe a primeira parte da manteiga sobre a massa aberta. Em seguida, dobre-a e passe o rolo em cima para que a manteiga se misture. Repita o mesmo processo por mais duas vezes. Corte a massa em triângulos grandes. Recheie com muçarela.

Enrole a massa da parte maior do triângulo para a menor. Prepare uma mistura com gema, sal, orégano e óleo e use para pincelar os croissants. Deixe crescer até que eles dobrem de tamanho.

Leve ao forno preaquecido, em temperatura média, por meia hora ou até que os croissants estejam dourados.

Capitu vem para o jantar

178

OS CROISSANTS DE A INVENÇÃO DE HUGO CABRET

A OMELETE DE O GUIA DO MOCHILEIRO DAS GALÁXIAS, DE DOUGLAS ADAMS

Nível de DIFICULDADE

EU SEI, EU SEI. PARECE COMUM DEMAIS ESCOLHER UMA RECEITA DE OMELETE DE UMA OBRA COMO *O GUIA DO MOCHILEIRO DAS GALÁXIAS* (THE HITCHHIKER'S GUIDE TO THE GALAXY, 1979).

É claro que eu gostaria de ter feito a dinamite pangaláctica, mas seria um bocado difícil encontrar os ingredientes.

Não se lembra?

A dinamite pangaláctica é considerada o melhor drinque do Universo. Tomar um gole dessa bebida tem o mesmo efeito que ter o crânio esmagado por uma fatia de limão envolvida em uma barra de ouro de bom tamanho. Pelo menos é o que o livro diz.

O preparo parece simples. Contudo, digo mais uma vez, o problema é achar os ingredientes.

Veja a receita trazida pelo livro:

"1) Uma garrafa de Aguardente Janx.

2) Misture com uma parte de água dos mares de Santragino V.

3) Dissolva três cubos de Megagim Arturiano na mistura (se não for congelado da maneira correta, perde-se a benzina).

4) Faça com que quatro litros de metano dos pântanos de Falia borbulhem através da mistura, em memória de todos aqueles mochileiros bem-aventurados que morreram de prazer nos pântanos de Falia.

5) Equilibre em uma colher de prata virada ao contrário uma dose de extrato de Hipermenta Qualactina, com toda a fragrância inebriante das tenebrosas Zonas Qualactinas, sutil, doce e mística.

6) Acrescente um dente de tigre-do-sol algoliano e veja-o dissolver-se, espalhando os fogos dos sóis algolianos no âmago do drinque.

Você sabia?

Há diversas menções a comidinhas em *O guia do mochileiro das galáxias*, mas o escritor Douglas Adams dá a diversos alimentos típicos da Terra outras funções pela Galáxia.

No Universo, por exemplo, a cerveja não é tomada para socializar com os amigos, mas serve como relaxante muscular.

O chá quente é empregado pelos aliens para fazer as máquinas funcionarem.

Capitu vem para o jantar

7) Uma pitadinha de Zânfuor.
8) Uma azeitona.
9) Beba... mas com muito cuidado".

Apesar de o guia trazer uma lista dos planetas que servem essa delícia, ainda não tive oportunidade de experimentá-la.

E foi por isso que decidi fazer a omelete.

Pode parecer um prato trivial a princípio, mas é bom frisar que a receita do livro leva duzentos e trinta e nove mil ovos! Foi criada na terra de Poghril, no sistema de Pensel, um lugar onde havia muita fome.

Faça a sua omelete, enrole-se na sua toalha e se lembre de que a resposta para tudo é e sempre será 42.

Ingredientes:

- 4 colheres (sopa) de leite integral
- 5 ovos
- ½ xícara (chá) de parmesão ralado
- ½ xícara (chá) de presunto picado
- 1 colher (sopa) de salsa picada
- 1 colher (sopa) de manteiga
- 1 tomate bem picadinho
- ½ xícara (chá) de milho-verde em conserva escorrido

Modo de preparar:

Bata os ovos com um garfo até a mistura ficar bem homogênea. Acrescente todos os ingredientes, com exceção da manteiga, e misture.

Derreta a manteiga em uma frigideira, despeje a mistura e frite dos dois lados até que esteja douradinha.

Comidinhas com gosto de infância

A OMELETE DE O GUIA DO MOCHILEIRO DAS GALÁXIAS

O SCREWDRIVER DE TRUMAN CAPOTE

Nível de
DIFICULDADE

MUITAS VEZES EU TENTO IMAGINAR COMO ERA O PROCESSO CRIATIVO DE ALGUNS ESCRITORES. Sempre os vejo em uma sala escura um pouco bagunçada, um cigarro queimando sozinho no cinzeiro, uma máquina de escrever empoeirada (mesmo nos dias atuais) e um drinque sobre a mesa.

Truman Capote foi um típico escritor beberrão. Ele afirmou certa vez que a profissão de escritor era nada mais nada menos que uma longa caminhada entre uma dose e outra.

E não se referia a qualquer bebida não. Capote era fã de algo que ele nomeou "meu drinque de laranja", o que nós, reles mortais, chamamos de screwdriver.

Alguns podem lembrar de Truman Capote por causa do seu romance mais famoso, *A sangue frio* (*In Cold Blood*, 1966). Outros o conhecem pelo livro *Bonequinha de luxo* (*Breakfast at Tiffany's*, 1958), aquele que inspirou o filme protagonizado por Audrey Hepburn. Mas é interessante, também, saber um pouco a respeito de Capote pelo viés gastronômico.

O fato é que Truman Capote era tão apaixonado pelo seu drinque de laranja que muitos o descreviam como um homem sério que chacoalhava um copo de screwdriver na mão enquanto refletia sobre qualquer assunto.

Além disso, as pessoas o consideravam muito centrado e tímido. Uma vez o próprio escritor se descreveu assim: "Sou um alcoólatra, um viciado em drogas, um homossexual. Eu sou um gênio".

O longa *Capote* é uma boa oportunidade para conhecer melhor esse gênio. Lançado em 2005, o filme é estrelado por Philip Seymour Hoffman, que ganhou o Oscar de Melhor Ator com esse papel.

Bom, mas vamos ao que interessa?

Aprenda a fazer o legítimo screwdriver à la Capote.

Você sabia?

Ao pé da letra, o nome desse drinque é "chave de fenda".

Diz a lenda que a mistura surgiu em uma oficina holandesa. Dois mecânicos gostavam de misturar vodca com outros ingredientes para brindar ao fim do expediente.

Um belo dia, a escolha foi vodca e suco de laranja, mas eles não tinham colher para misturar. O resultado? Acabaram usando a primeira coisa que viram — uma chave de fenda.

E o nome pegou.

Drinques da literatura

O SCREWDRIVER DE TRUMAN CAPOTE

Ingredientes:
- 50 ml de vodca
- 150 ml de suco de laranja
- Gelo
- Rodelas de laranja

Modo de preparar:
Misture tudo em um copo alto e sirva bem gelado.

A GEMADA DE EDGAR ALLAN POE

Nível de
DIFICULDADE

NO COMEÇO DA MINHA ADOLESCÊNCIA, EU VIVI UM PERÍODO OBSCURO, QUE ENVOLVIA CAMISETAS DE ROCK 'N' ROLL, CALÇAS RASGADAS, MARATONAS ININTERRUPTAS DE ARQUIVO X E UM APREÇO PECULIAR POR ESCRITORES ROMÂNTICOS E DEPRESSIVOS COMO MARY SHELLEY E EDGAR ALLAN POE.

Foi nessa época que eu ganhei dos amigos da escola o apelido de ET — por motivos óbvios.

(Uma adolescência feliz, como ficou claro.)

A questão é que ainda hoje me sinto apegada a Edgar Allan Poe como se ele tivesse sido um ombro amigo em uma fase conturbada da minha vida.

Dia desses, visitando a casa da minha mãe, deparei com o exemplar de *Histórias extraordinárias* (*Tales of the Grotesque and Arabesque*, 1839) que, por tanto tempo, me acompanhou no colégio. Tive um sobressalto. Como assim ele ainda não tinha entrado no Capitu Vem para o Jantar?

Chegou a hora de me redimir.

Edgar Allan Poe era um cara perturbado.

Ainda muito jovem, ficou órfão da mãe. Isso aconteceu pouco tempo depois de o pai abandoná-los. Em seguida, foi adotado por uma família que nunca incentivou muito as suas intenções literárias.

Um dia, Poe jogou tudo para o alto. Saiu de casa, se casou com uma prima (ela com treze e ele com vinte e sete anos) e tentou viver só da literatura. Como você já deve imaginar, não foi uma boa ideia.

Ele entrou na Universidade da Virgínia em 1826 e foi expulso no mesmo ano por causa da sua vida boêmia. E era uma vida pra lá de boêmia.

Os amigos diziam que não era possível encontrar Poe sem que ele estivesse carregando uma garrafa de uísque. Mas a sua bebida favorita era mesmo a gemada (que levava uísque).

A família adotiva do escritor tinha uma receita clássica de gemada que passou de geração para geração e, para a nossa sorte, chegou aos dias de hoje.

Você sabia?

A fama de beberrão de Edgar Allan Poe é tão grande que alguns fãs ainda hoje levam garrafas de uísque ao túmulo do escritor.

Se você está interessado em manter a tradição, saiba que ele está enterrado no cemitério Westminster, em Baltimore.

Na década de 1960, uma figura misteriosa começou a visitar o túmulo de Poe todo dia 19 de janeiro, aniversário da morte do escritor, levando torradas e conhaque para o falecido. Esse personagem recebeu o apelido de Poe toaster.

A última visita aconteceu em 2009.

Drinques da literatura

Edgar Allan Poe morreu aos quarenta anos, e ninguém até hoje em dia sabe a causa. Já falaram de raiva, cólera, suicídio, cirrose, depressão, overdose, sífilis e diabetes. O que se sabe é que ele foi encontrado perambulando pelas ruas de Baltimore, nos Estados Unidos, totalmente desorientado. Internado, faleceu alguns dias depois, em 3 de outubro de 1849.

Suas últimas palavras foram: "Senhor, por favor, ajude a minha pobre alma".

A GEMADA DE EDGAR ALLAN POE

Ingredientes:
- 7 ovos
- 1 xícara (chá) de açúcar
- 5 xícaras (chá) de leite integral
- Noz-moscada
- 1½ xícara (chá) de uísque
- ⅓ xícara (chá) de rum

Modo de preparar:
Misture as gemas com o açúcar e reserve. Em uma panela, esquente o leite sem deixar ferver. Em seguida, acrescente a mistura de gemas e açúcar e mexa até engrossar. Despeje a bebida em canecas e deixe esfriar antes de juntar a noz-moscada, o uísque e o rum. Bata as claras em neve, cubra a bebida com essa mistura e sirva.

A MARGARITA DE JACK KEROUAC

Nível de
DIFICULDADE

"**N**ÃO BEBO PARA FICAR BÊBADO, BEBO PARA APROVEITAR A VIDA", DIZIA JACK KEROUAC, QUE NÃO APROVEITOU A SUA TANTO ASSIM, JÁ QUE MORREU DE CIRROSE AOS QUARENTA E SETE ANOS.

Kerouac se apaixonou pela margarita durante uma viagem ao México, e desde então nunca abandonou esse drinque.

O escritor costumava beber no White Horse Tavern, um bar nova-iorquino que, nos anos 1950 e 1960, recebia muitas personalidades boêmias: Dylan Thomas, Hunter S. Thompson, Bob Dylan e Jim Morrison.

O apartamento de Kerouac ficava na rua do bar, e ali ele passava horas se embebedando. Chegou a ser expulso algumas vezes, aos tropeços.

Diz a lenda que, no banheiro masculino, em cima de um dos mictórios, alguém escreveu na parede: "Jack Kerouac, vá para casa".

Além da margarita, Kerouac gostava de outros venenos. Seu biógrafo, Michael Dittman, escreveu que ele tomava um litro de gim ou de uísque por dia enquanto trabalhava.

Durante uma viagem à França, Kerouac conheceu o conhaque, e nessa ocasião disse ao poeta Philip Whalen: "O conhaque é a única bebida no mundo, com refrigerante e gelo, que não pode realmente matá-lo".

No dia 20 de outubro de 1969, Jack Kerouac sentiu uma forte dor no estômago e começou a vomitar sangue. Foi levado para o hospital, onde passou por uma longa cirurgia, mas faleceu no dia seguinte.

A hemorragia foi provocada por uma cirrose.

Você sabia?

Há muitas histórias por trás da criação da margarita. A mais famosa é a que homenageia Rita Hayworth.

Conta-se que essa atriz, antes da fama, se apresentava em casinos de Tijuana, no México.

Um barman decidiu presenteá-la com uma bebida que tinha acabado de inventar. O nome era "margarita". Você deve estar se perguntando de onde saiu o nome do drinque. Pois saiba que o nome verdadeiro de Rita Hayworth era Margarita Carmen Cansin.

Drinques da literatura

A MARGARITA DE JACK KEROUAC

Ingredientes:
- 50 ml de tequila
- 25 ml de licor de laranja
- 25 ml de suco de limão taiti
- Gelo

Modo de preparar:
Coloque todos os ingredientes em uma coqueteleira e agite bem.
Sirva em uma taça com limão e sal na borda.

O MOJITO DE ERNEST HEMINGWAY

Nível de DIFICULDADE

ERNEST HEMINGWAY VIVEU DURANTE DUAS DÉCADAS EM CUBA E NUNCA DEIXOU DE LOUVAR A DELÍCIA DO MOJITO.

"Mojito em La Bodeguita e daiquiri na Floridita", ele dizia.

La Bodeguita del Medio é um bar de Havana que até hoje serve o mojito que tanto encantava Hemingway. Esse bar sempre foi frequentado por grandes nomes.

Para você ter ideia, existem duas mesas lá dentro em que ninguém pode se sentar. Elas estão reservadas até hoje para dois clientes assíduos que já morreram: o cantor norte-americano Nat King Cole e o poeta cubano Nicolás Guillén.

Ao contrário do que você deve estar pensando, a bebida preferida de Hemingway não era o mojito de Havana. Só que a sua paixão por esse drinque de rum com hortelã eternizou no imaginário dos leitores o mojito como um sinônimo de Hemingway.

A verdade é que esse escritor era diabético, por isso preferia bebidas sem açúcar como absinto e dry martini.

No livro *Adeus às armas* (*A Farewell to Arms*, 1929), o personagem Frederic Henry comenta ao experimentar um dry martini pela primeira vez:

"Eu nunca tinha provado nada tão gostoso e limpo. Ele me fez sentir civilizado".

Você sabia?

O suicídio é um tema bastante presente nas obras de Hemingway, possivelmente porque fez parte de sua vida pessoal.

Desorientado diante dos problemas financeiros, seu pai se matou com um tiro na cabeça em 1929. Sua mãe nunca mais foi a mesma depois desse acontecimento. Ela enviou para Hemingway, pelo correio, a pistola com a qual seu pai havia se matado. Alegou que o filho deveria guardá-la de lembrança.

Em 2 de julho de 1961, aos sessenta e um anos, sofrendo com diabetes, depressão e alcoolismo, Hemingway repetiu a atitude do pai.

Hemingway teve uma vida cheia de aventuras. Foi motorista de ambulância da Cruz Vermelha durante a Primeira Guerra Mundial.

Viveu a efervescência cultural de Paris nos anos 1920 e teve companheiros como F. Scott Fitzgerald e Gertrude Stein.

Cobriu como jornalista a Guerra Civil Espanhola e a Segunda Guerra Mundial.

E sempre fez questão de conhecer muito bem os lugares que visitava.

Foi ele quem disse: "Não se preocupe com as igrejas, edifícios do governo ou praças da cidade. Se você quer conhecer a cultura de um lugar, passe uma noite em seus bares".

Esse é um conselho que eu sigo em todas as minhas viagens.

Drinques da literatura

O MOJITO DE ERNEST HEMINGWAY

Ingredientes:
- 10 folhas de hortelã
- ½ limão
- 2 colheres (sopa) de açúcar
- 5 cubos de gelo
- 50 ml de rum
- ½ xícara (chá) de água com gás

Modo de preparar:
Em um copo longo, coloque as folhas de hortelã, a metade do limão e o açúcar. Soque a mistura, encha o copo com gelo, acrescente o rum e complete com água com gás.

O BOILERMAKER DE CHARLES BUKOWSKI

Nível de DIFICULDADE

O DRINQUE PREFERIDO DE CHARLES BUKOWSKI ERA O BOILERMAKER.

Era assim: um copo de cerveja, uma dose de uísque. Primeiro se toma a dose de uísque de uma só vez. Em seguida, você degusta calmamente a cerveja.

É um ritual para os fortes, naturalmente. E Charles Bukowski era um cara forte! Ele endeusou a bebida em quase todas as suas obras. Só para provar, separei cinco trechos de cinco obras diferentes:

Mulheres (*Women*, 1978)

"Este é o problema com a bebida, pensei enquanto me servia uma bebida. Se algo ruim acontece, você bebe numa tentativa de esquecer; se algo de bom acontece, você bebe a fim de comemorar; e, se nada acontecer, você bebe para fazer algo acontecer."

"Como ser um grande escritor" ("How to Be a Good Writer", 1977)

"fique com a cerveja
a cerveja é o sangue contínuo
uma amante contínua"

Misto quente (*Ham on Rye*, 1982)

"Ficar bêbado é bom. Eu decidi que sempre gosto de ficar bêbado."

Factotum (1975)

"— O quê? Quer dizer que você se atreveria a beber logo após sair da cadeia por intoxicação?
— É quando você mais precisa da bebida."

Você sabia?

Charles Bukowski considerava John Fante o seu salvador.

Ele escreveu que, quando era um jovem aspirante a escritor, alcoólatra e sem muita perspectiva, conheceu o livro *Pergunte ao pó* (*Ask the Dust*, 1939), de John Fante. E foi essa obra que o inspirou a continuar escrevendo.

"Encurralado" ("Cornered", 1986)
"Agora
acendendo novos cigarros
servindo mais
bebidas

tem sido um belo
combate

ainda
é."

O BOILERMAKER DE CHARLES BUKOWSKI

Ingredientes:
- 50 ml de uísque
- 1 copo de cerveja

Modo de preparar:
Beba o uísque de uma só vez. Depois, aproveite a cerveja.

O WHISKEY SOUR DE DOROTHY PARKER

Nível de
DIFICULDADE

SOU SUSPEITA PARA FALAR SOBRE DOROTHY PARKER. ELA É UMA DAS MINHAS ESCRITORAS PREFERIDAS. SEU CINISMO, SINCERIDADE E IRONIA SÃO INVEJÁVEIS.

Dorothy pediu para ser cremada quando morresse e sugeriu um epitáfio: "Desculpe a poeira". Eu caio na risada toda vez que lembro disso.

Ela é uma daquelas escritoras que todo mundo precisa conhecer, principalmente quando está enfrentando uma confusão de sentimentos. Quem não viveu isso uma ou duas ou centenas de vezes?

Para ela, o amor não é um conto de fadas, e às vezes a gente só precisa que alguém coloque nosso pé no chão para voltar a enxergar a vida como ela é.

Resolvi reler Dorothy Parker depois da minha última presepada amorosa, e foi uma ótima decisão. É que com essa escritora você começa a achar graça até na tragédia. Quem disse que esse não é um ótimo jeito de encarar a vida?

Imagine o que era, em plenos anos 1930, uma mulher com a língua afiada?

Dorothy, que bebia demais — sempre o amado whiskey sour —, casou, se separou, abortou, entrou em depressão, tentou diversas vezes o suicídio... Mas nunca deixou a ironia de lado.

Sobre o suicídio, ela escreveu:

"Navalha dói.

Rios são úmidos.

Ácido mancha.

Drogas dão cãibras.

Revólveres são ilegais.

Forcas cedem.

O gás tem um cheiro horrível.

Melhor ficar viva".

Para nossa sorte, ela se manteve viva por um bom tempo.

Morreu aos setenta e três anos, de ataque cardíaco, em 7 de junho de 1967.

Drinques da literatura

Você sabia?

Dorothy Parker também foi roteirista de Hollywood. Ela concorreu ao Oscar de Melhor Roteiro em 1938, com *Nasceu uma estrela* (*A Star Is Born*), e em 1947, com *Desespero* (*Smash Up: The Story of a Woman*).

O WHISKEY SOUR DE DOROTHY PARKER

Ingredientes:
- 50 ml de uísque
- Suco de ½ limão
- 1 colher (sopa) bem cheia de açúcar
- 2 cerejas em calda

Modo de preparar:
Agite tudo em uma coqueteleira com gelo. Coe e sirva em um copo largo.

O VESPER MARTÍNI DE CASINO ROYALE, DE IAN FLEMING

Nível de
DIFICULDADE

DEFINITIVAMENTE, ESSE NÃO É UM DRINQUE QUALQUER. ESTAMOS FALANDO DE UMA BEBIDA CRIADA POR JAMES BOND.

No livro *Casino Royale*, publicado em 1953, o icônico personagem James Bond entra em um bar e o seguinte diálogo se desenrola:

"— Martíni seco — disse. — Um. Numa taça comprida de champanhe.

— Oui, monsieur.

— Um momento. Mudei de ideia. Misture três medidas de gim, uma de vodca, meia de quina Lillet, até ficar tudo bem geladinho. Depois junte um pedaço de casca de limão cortada bem fininha. Entendeu?

— Lógico, monsieur. — O barman parecia encantado com a ideia.

— Meu Deus — exclamou Leiter. — Isto é que é um coquetel de verdade.

Bond sorriu.

— Quando estou, ahn, concentrado — explicou —, nunca bebo mais do que uma coisa antes do jantar. Mas gosto que essa coisa seja grande, bem forte, bem gelada, bem-feita. Detesto pequenas doses, seja do que for, especialmente quando o gosto não é bom. Este coquetel, eu mesmo inventei. Vou tirar patente assim que achar um bom nome".

Tempos depois, ele encontra o nome perfeito para o drinque. Vesper, em homenagem a Vesper Lynd, uma linda e enigmática mulher que diz ter nascido durante uma noite de tempestade. Foi por isso que seus pais a nomearam Vesper, que significa noite em latim.

Vesper é a primeira paixão de Bond.

Nada mal ter o seu nome eternizando um drinque criado por James Bond, não?

Você sabia?

O drinque que inspirou a criação de James Bond foi criado por um amigo de longa data de Fleming, chamado Ivar Bryce.

Fleming presenteou seu amigo com um exemplar autografado de *Casino Royale*. A dedicatória dizia assim:

"Para Ivar, que misturou o primeiro vesper e disse a boa palavra".

Drinques da literatura

O VESPER MARTÍNI DE CASINO ROYALE

Ingredientes:
- 60 ml de gim
- 20 ml de vodca
- 10 ml de vermute extrasseco

Modo de preparar:
Em uma coqueteleira com gelo, agite todos os ingredientes.
Passe a mistura para uma taça de champanhe e decore com uma tira de casca de limão-siciliano.

O MINT JULEP DE O GRANDE GATSBY, DE F. SCOTT FITZGERALD

Nível de
DIFICULDADE

EU GOSTO MUITO DE *O GRANDE GATSBY*, MAS CONFESSO QUE VIVO UMA RELAÇÃO DE AMOR E ÓDIO COM DAISY ENTRE UMA PÁGINA E OUTRA.

Às vezes acho Daisy fútil e sonsa. Chata. Esnobe.

Depois descubro que estou torcendo por ela.

Acho que é isso que faz dela um bom personagem. Ela é humana, afinal, cheia de defeitos.

A história de *O grande Gatsby* é contada por Nick Carraway, que sempre teve fascínio pelo milionário misterioso que vive na casa ao lado da sua.

Um dia ele é convidado para uma festa na mansão, conhece Jay Gatsby e se torna seu grande amigo.

Gatsby é apaixonado por Daisy, prima de Nick, casada com o atleta aposentado Tom Buchanan. Com ajuda de Nick, Gatsby e Daisy começam a ter um caso.

O mint julep aparece em um momento muito conturbado da trama, quando Tom finalmente confronta Gatsby sobre o caso com a sua esposa. Diante do clímão, Daisy decide preparar um drinque para acalmar os ânimos:

"— Abra o uísque — ela ordenou — e eu farei um mint julep. Assim você não parecerá tão estúpido!"

Enquanto isso, Gatsby confessa que ama Daisy e que Daisy sempre o amou. Ele aproveita para comunicar que ela vai abandonar Tom. Só que Daisy intervém e explica que não é bem assim. Ela também ama Tom. Ela ama os dois, ué.

Acontece.

Nesse momento, ela entra no carro e sai dirigindo feito louca até protagonizar um atropelamento que vai mudar a história de todos.

Ok. Não vou contar mais nada. Mas vou falar sobre o mint julep.

É um drinque refrescante feito com uísque, hortelã, açúcar e água. Não se esqueça de fazer um brinde a Daisy antes de beber.

Você sabia?

O grande Gatsby foi lançado em 10 de abril de 1925.

Até a morte de Fitzgerald, em 1940, o livro vendeu apenas vinte e cinco mil cópias. Cinco anos depois, a obra ganhou nova edição e se difundiu rapidamente.

Até hoje, é considerado o grande romance americano.

Drinques da literatura

O MINT JULEP DE O GRANDE GATSBY

Ingredientes:
- 4 folhas de hortelã
- 1 colher (sopa) de açúcar
- 2 colheres (sopa) de água com gás
- Gelo
- 50 ml de uísque

Modo de preparar:
Com uma mão (bastão) de pilão, esmague duas folhas de hortelã com o açúcar em um copo largo.

Retire as folhas do copo e despeje a água com gás. Mexa um pouco para dissolver o açúcar, adicione o gelo e o uísque.

Decore com folhas de hortelã inteiras.

O MOLOKO PLUS DE LARANJA MECÂNICA, DE ANTHONY BURGESS

Nível de
DIFICULDADE

AO LADO DO CAMPUS DA MINHA FACULDADE HAVIA UM BAR QUE SERVIA UMA BEBIDA CARINHOSAMENTE APELIDADA DE CHAPADOR.

O chapador era considerado quase um rito de passagem. Você tinha que experimentar pelo menos duas vezes na vida: no trote e no último dia de aula.

E é claro que, nos quatro anos que separaram essas duas datas, tomei o chapador outras centenas de vezes.

Eu nunca soube o que havia ali dentro, e a verdade é que prefiro nem saber.

O que eu sei, de fato, é que o drinque levava o nome de batismo ao pé da letra: quem ousasse matar uma garrafa de chapador poderia não acordar no dia seguinte. Afinal, uma bebida com esse nome só pode trazer efeitos colaterais insuportáveis: dor de cabeça, náuseas, dor de estômago e vontade de morrer.

É claro que, para um organismo-de-dezoito-anos-de-idade, tudo era muito bem-vindo. Naquele tempo as aventuras etílicas ainda não eram tão... hum... como posso dizer... letais.

Hoje, acho que eu nunca mais sairia da cama.

Só ficou a boa lembrança de uma época em que o chapador se fazia necessário.

Contudo, ele não tinha um efeito violento. Até onde eu sei, ninguém nunca se sentiu estimulado a sair esbofeteando a galera na rua por causa dele.

No máximo você protagonizaria alguma cena lastimável que colocaria sua reputação em xeque por alguns meses.

O caso é que eu sempre associo o chapador ao moloko plus.

Se você já leu *Laranja mecânica* (*A Clockwork Orange*, 1962), de Anthony Burgess, deve ter se perguntado sobre o sabor desse drinque.

Servido no The Milk Bar Korova, ponto de encontro de pessoas pra lá de atormentadas, o moloko nada mais

Você sabia?

A terrível cena do estupro no livro *Laranja mecânica* — recriada no cinema por Stanley Kubrick — foi inspirada em um incidente trágico da vida de Anthony Burgess.

A primeira esposa do escritor, Lynne, foi estuprada durante um apagão em Londres. Ela estava grávida. Burgess se baseou no relato de Lynne para criar aquela cena.

Drinques da literatura

é que leite-com-tudo-e-mais-alguma-coisa.

O The Milk Bar Korova não tem licença para vender bebidas alcóolicas, por isso serve leite com LSD, mescalina sintética e outras cositas mais.

Alex, o protagonista, e seus amigos consomem o moloko e enfrentam um efeito colateral bem polêmico: descontrolados, eles saem pela rua quebrando tudo, espancando e estuprando.

O efeito difere bastante daquele que é causado pelo chapador. Quem consome este último não tem forças nem para ir ao banheiro.

Calma, leitor, é claro que eu não trouxe uma receita de leite com drogas ilícitas. Eu trouxe apenas a minha versão alcoólica do moloko plus.

Feita com absinto, porque, afinal, esse drinque tem que manter a sua fama de mau.

O MOLOKO PLUS DE LARANJA MECÂNICA

Ingredientes:
- 50 ml de absinto
- 50 ml de leite de coco
- 2 colheres (sopa) de açúcar
- Gelo
- Leite

Modo de preparar:
Junte todos os ingredientes em uma coqueteleira.
Agite bem. Coe a bebida em uma taça.
Enfeite com uma casca de laranja.

O PONCHE FUMEGANTE DE "UM CONTO DE NATAL", DE CHARLES DICKENS

Nível de DIFICULDADE

CHARLES DICKENS GOSTAVA DE VIRAR OS SEUS COPINHOS. ELE PREFERIA BEBIDAS MAIS LEVES, COMO O TRADICIONAL PONCHE (BEM DOCE).

Em todas as obras de Dickens, o ponche aparece em diversas versões: preparado com rum, gim, frutas e leite.

No clássico "Um conto de Natal" ("A Christmas Carol", 1843), o escritor menciona o smoking bishop, ou ponche fumegante, que nada mais é que um ponche de vinho do porto quente. A tradução literal seria alguma coisa parecida com "bispo quente". O nome curioso começou a ser usado no início do século XVII, porque a bebida era servida em uma bacia que parecia a mitra de um bispo.

O caso é que os drinques faziam parte da vida de Dickens. Tanto que o seu bisneto, Cedric, escreveu um livro sobre o assunto: *Drinking with Dickens* (1988). Essa obra reúne delícias retiradas do caderno de receitas da tia Georgie, que cuidava das crianças Dickens.

Muitas receitas desse caderno, criado em 1859, seriam eternizadas em obras de Charles Dickens.

Um dos autores mais emblemáticos da literatura mundial, Dickens teve uma infância muito pobre. Seu pai ficou preso por doze anos por não conseguir pagar dívidas, o que obrigou Charles a trabalhar para sustentar a família.

Ele se inspirou muito nessa fase de sua vida para escrever a história do órfão, pobre e faminto Oliver no clássico *Oliver Twist*.

Vale observar que as referências à culinária são sempre carregadas de crítica social. Em *Oliver Twist*, por exemplo, este trecho é de partir o coração:

Você sabia?

O Natal era a época preferida de Dickens. Não é à toa que ele escreveu tantas histórias ambientadas nesse período.

Na casa do escritor, as festas natalinas eram sinônimo de fartura, com muito vinho, frutas, carne e doces, além de jogos em família e danças.

Se um dia você estiver em Londres em dezembro, saiba que a casa onde morou Charles Dickens é hoje um museu que todo ano oferece um jantar de Natal com comidas inspiradas nas obras desse escritor genial.

Drinques da literatura

"O mingau desapareceu; as crianças cochichavam, faziam sinais a Oliver, que era acotovelado pelos que lhe ficavam mais perto. A fome esperava o pobre Oliver, e o excesso de miséria tinha-lhe tirado os cuidados; deixou o lugar e, caminhando com a tigela e a colher na mão, disse, com voz trêmula e assustada:
— Eu queria mais um bocado de mingau".

Dickens defendia que os pobres tivessem acesso à comida e, por que não, à bebida. Ele falou publicamente contra o Movimento da Temperança, que começou no início do século XIX em favor da Lei Seca, que regulava o consumo de bebidas alcoólicas.

Para Dickens, as classes mais baixas mereciam pelo menos o acesso a uma bebida reconfortante.

O PONCHE FUMEGANTE DE "UM CONTO DE NATAL", DE CHARLES DICKENS

Ingredientes:
- ½ litro de vinho do porto
- ½ litro de vinho tinto bem encorpado
- 2 laranjas cortadas em rodelas

Modo de preparar:
Leve o vinho do porto ao fogo até ferver. Acrescente aos poucos o vinho tinto.
Desligue o fogo, acrescente as rodelas de laranja e sirva em canecas.

O COSMOPOLITAN DE CINQUENTA TONS DE CINZA, DE E. L. JAMES

Nível de
DIFICULDADE

COSTUMO FAZER ALGUMAS COISAS QUANDO ESTOU TRISTE. GERALMENTE, AS OPÇÕES ENVOLVEM COMIDA.

Posso sair para comer um hambúrguer cheio de catupiry em um bar ao lado da minha casa.

Ou posso ir para o shopping e passar uma hora do dia louvando um perfeito milk-shake de flocos que, meu Deus, deve ser feito com o néctar dos deuses. Nunca vi algo parecido como aquele que é vendido ali.

Às vezes eu decido cozinhar, e geralmente faço doces. Atualmente estou na fase torta de limão e me empenhando em chegar ao merengue perfeito.

Todas essas atitudes afastam meus pensamentos do que me deixou triste.

Às vezes, contudo, o que eu preciso mesmo é encher a cara e chorar as pitangas com amigas. E consigo me lembrar de algumas dezenas de vezes em que afoguei as mágoas em uma taça de cosmopolitan.

Se você está perto dos trinta ou já enfrentou o retorno de Saturno, provavelmente vai ouvir alguém dizer que o seu cosmopolitan foi inspirado em Carrie Bradshaw, de *Sex and the City*.

Ok, eu passei a adolescência me divertindo com as presepadas das quatro amigas nova-iorquinas. Mas, queridinho, o cosmopolitan é a bebida favorita da Madonna. Digamos que isso é tudo de que você precisa saber.

Durante os meus momentos de tristeza, costumo também entrar em uma livraria e me permitir comprar algo que jamais compraria em outras ocasiões.

(Certa vez, adquiri um manual de exercícios para as pernas que nunca foi aberto. Deve estar perdido em algum lugar no limbo da minha estante.)

E é aqui que eu preciso ser forte para admitir que nunca havia me interessado em ler *Cinquenta tons de cinza* (*Fifty Shades of Grey*, 2011).

Ocorre que acabei comprando o livro, um milk-shake e me sentando no banco do shopping para começar a leitura.

Você sabia?

O enredo de *Cinquenta tons de cinza* foi inspirado no livro *Crepúsculo* (*Twilight*, 2007), de Stephenie Meyer.

E. L. James é uma grande fã da saga dos vampiros e sempre imaginou como seria uma relação mais apimentada entre Bella e Edward, tanto que publicou uma fanfiction em um site especializado. (Algumas pessoas são tão apaixonadas por determinadas obras da literatura, cinema ou TV que escrevem histórias alternativas com os personagens dessas obras. Essas histórias são as chamadas fanfictions, ou simplesmente fanfics.)

Drinques da literatura

Os dramas vão e vêm. As cintadas vão e vêm. As comidinhas vão e vêm. (Sim, tem muita comida no livro. Yes!)

E aí eu deparo com Ana tomando o seu cosmopolitan na companhia da mãe. O stalker Christian Grey aparece de penetra e passa a contabilizar o número de drinques que a namorada está bebendo.

Não gosto de Grey por uma infinidade de motivos, mas o que cabe aqui é: rapaz, não regule os cosmos da menina!

É claro que eu consigo entender por que o livro fez um sucesso absurdo e tem milhares de fãs ao redor do mundo, mas me dá arrepios pensar nesse cara controlador, machista, ciumento e chegado a umas cintadas — sem mencionar o fato de ele ser da patrulha dos drinques.

(Hum, preciso fazer a mea-culpa e assumir que ficou bem difícil odiar Grey depois que ele foi interpretado no cinema pelo irlandês Jamie Dornan. Como alguém pode ser tão lindo?)

O fato é que, quando li esse trecho sobre o drinque, lembrei das vezes em que me sentei para tomar um cosmo e pensar na vida.

Depois disso, convidei uma amiga para batermos papo em um bar sobre a maravilha de ser uma mulher bem resolvida. O papo foi regado a um, dois, três ou quatro cosmopolitans. Sem ninguém para dizer que nós estávamos exagerando.

Com essa receita, é impossível continuar triste. Santo cosmopolitan!

Ingredientes:
- Gelo
- 50 ml de vodca
- 50 ml de suco de cranberry
- 15 ml de cointreau
- 10 ml de suco de limão

Modo de preparar:
Deixe alguns cubos de gelo dentro de uma taça de martíni para resfriá-la. Misture todos os ingredientes em uma coqueteleira com gelo. Agite por alguns segundos e sirva na taça resfriada (sem as pedras de gelo).

Capitu vem para o jantar

O COSMOPOLITAN DE CINQUENTA TONS DE CINZA

O RUM TODDY DE MOBY DICK, DE HERMAN MELVILLE

AOS TREZE ANOS, DEPOIS DE PERDER O PAI, O NORTE-AMERICANO HERMAN MELVILLE PRECISOU ARRANJAR UM EMPREGO PARA SUSTENTAR A FAMÍLIA. Depois de ter sido bancário, professor e agricultor, engajou-se na tripulação de um navio mercante. Tinha vinte anos nessa época. Durante muitos anos Melville viveu no mar, de barco em barco.

Em uma das viagens, conheceu George Pollard Jr., que havia enfrentado uma grande tragédia no passado. Pollard tinha sido capitão do Essex, navio que afundou em 1820 após ser atacado por uma baleia. O capitão Pollard estava com vinte e nove anos quando o naufrágio aconteceu. Ele sobreviveu, mas nunca mais pisou em um navio novamente — em parte porque passou a ser encarado como portador de má sorte.

A viagem do Essex duraria dois anos e meio, mas, alguns meses depois de ter deixado o porto de Nantucket, em Massachusetts, uma enorme baleia surgiu no oceano.

O animal passou por baixo da embarcação e se debateu contra o casco, que, segundo o relato do capitão, se espatifou feito porcelana.

O que o capitão Pollard e a tripulação do Essex viveram pode ser considerado a pior das torturas psicológicas. Foram noventa dias em alto-mar, afundando aos poucos, sem comida, com a tripulação enlouquecendo. Até mesmo casos de canibalismo aconteceram.

Os cinco únicos sobreviventes foram resgatados por um navio indiano que passou pela região.

Nos anos seguintes, no dia do aniversário da tragédia, o capitão Pollard se trancava em seu quarto e passava o dia jejuando em honra dos companheiros que haviam morrido e servido de alimento para os sobreviventes.

Essa experiência dramática inspiraria Herman Melville a criar a sua história mais famosa: *Moby Dick* conta a trajetória de uma enorme baleia branca que atormenta os caçadores.

A tragédia do navio Essex também é contada em *No coração do mar* (*In the Heart of the Sea*), publicado no ano 2000 pelo pesquisador Nathaniel Philbrick.

Você sabia?

Toddy é uma bebida feita com uísque ou rum, mel e água fervente.

A mistura surgiu na Escócia, por volta de 1700, originalmente como um drinque para mulheres. O rum escocês era considerado muito forte, então as moças preferiam diluí-lo em água ou chá quente.

O rum toddy é mencionado nas noites de *Moby Dick* sempre que se deseja aplacar o frio.

Capitu vem para o jantar

O RUM TODDY DE MOBY DICK

Ingredientes:
- 4 cravos-da-índia
- 2 rodelas de limão
- 2 paus de canela
- 50 ml de rum
- 2 colheres (sopa) de mel
- Água fervente

Modo de preparar:
Coloque os cravos, as rodelas de limão e os paus de canela no fundo de uma taça alta de vidro. Adicione o rum e o mel. Complete a taça com água fervente.
Mexa e sirva imediatamente.

A CERVEJA AMANTEIGADA ALCOÓLICA DE HARRY POTTER E O PRISIONEIRO DE AZKABAN, DE J. K. ROWLING

Nível de DIFICULDADE

SÓ QUEM SE AVENTUROU PELOS LIVROS DE J. K. ROWLING SABE O QUE É SENTIR VONTADE DE TOMAR CERVEJA AMANTEIGADA. Estou falando de uma bebida inventada que grudou no imaginário de uma geração inteira.

Quando li *Harry Potter*, admito: pensei em um chope bem gelado cheio de manteiga. E tudo que tem cerveja e manteiga só pode ser bom, não é mesmo?

Só que não é bem assim.

Como já mencionei aqui, J. K. Rowling revelou que pensou em uma bebida de caramelo ao criar a cerveja amanteigada. O problema é que algumas pistas ao longo dos livros desmentem a escritora.

Em *Harry Potter e o prisioneiro de Azkaban* (*Harry Potter and the Prisoner of Azkaban*, 1999), ela é descrita como uma bebida que esquenta de dentro para fora. O que nos faz pensar... esquenta porque é quente ou esquenta porque é quente?

Sacou?

Em *Harry Potter e o cálice de fogo* (*Harry Potter and the Goblet of Fire*, 2000), a elfa doméstica Winky cai em depressão depois de ser demitida e, para afogar as mágoas, entorna alguns canecos de cerveja amanteigada.

A situação chega ao ponto de Dobby, o simpático elfo amigo de Harry Potter, revelar sua preocupação para o amigo.

No filme *Harry Potter e o enigma do príncipe* (*Harry Potter and the Half Blood Prince*, 2009), Hermione, Harry e Rony tomam cerveja amanteigada, e a menina fica toda animadinha para cima de Rony.

Mas, deixando o debate de lado, se a escritora que inventou esse universo afirma que se trata de uma bebida de caramelo, quem somos nós para contradizê-la?

Neste livro temos a versão alcoólica da receita, que é bem fraquinha. (A não ser que você seja um elfo.)

Capitu vem para o jantar

Você sabia?

A cerveja amanteigada já esteve no centro de uma polêmica.

Em 2009, a jornalista Tara Parker-Pope soltou o verbo em um artigo chamado "Harry Potter and the Pint of Liquid Courage" (Harry Potter e a dose de coragem líquida).

Publicado no jornal *The New York Times*, o texto reflete sobre a necessidade de professores e alunos terem um copo na mão para enfrentar os seus medos.

Bom, a gente fica imaginando se os bruxos de Hogwarts precisaram de uma dose de coragem líquida para enfrentar Você-Sabe-Quem, mas aí o debate é outro.

Ingredientes (para 1 caneca):

- 1 colher (sopa) de manteiga sem sal
- ½ xícara (chá) de açúcar mascavo
- 1 colher (café) de canela em pó
- ⅓ xícara (chá) de água
- 2 colheres (sopa) de sorvete de creme
- 1 lata ou garrafa de cerveja preta

Modo de preparar:

Derreta a manteiga em fogo baixo, acrescente o açúcar e a canela em pó. Mexa até que obter o ponto de caramelo, e então acrescente a água para derretê-lo. O caramelo vai ficar líquido.

Despeje a mistura na caneca e junte o sorvete. Deixe-o derreter no caramelo por alguns instantes e então complete a caneca com cerveja preta. Vá colocando a cerveja aos poucos, enquanto aproveita a bebida.

Drinques da literatura

A CERVEJA AMANTEIGADA ALCOÓLICA DE HARRY POTTER E O PRISIONEIRO DE AZKABAN

211

CRÉDITOS DAS CITAÇÕES

A autora e a editora agradecem aos detentores dos direitos autorais listados a seguir pelas autorizações concedidas.

Lanchinhos para acompanhar a leitura

Página 13. Assis, Machado de. *Dom Casmurro*, 15ª ed. Rio de Janeiro: Record, 2014.

Os ovos benedict de Hunter S. Thompson

Página 17. Thompson, Hunter S. *The Great Shark Hunt: Strange Tales from a Strange Time*. Nova York: Simon and Schuster, 1992. Tradução da autora.

Página 17. Idem, op. cit. Tradução da autora.

O bolinho de limão de *O grande Gatsby*, F. Scott Fitzgerald

Página 27. Fitzgerald, Francis Scott. *Crack-Up*. Nova York: W. W. Norton, 2009. Tradução da autora.

A mostarda de *Clube da luta*, de Chuck Palahniuk

Página 33. Palahniuk, Chuck. *The Fight Club: A Novel*. Nova York: W. W. Norton, 2005. Tradução da autora.

A halva de Jean-Paul Sartre

Página 35. Sartre, Jean-Paul. *Witness to My Life: The Letters of Jean-Paul Sartre to Simone de Beauvoir 1926-1939*. Nova York: Scribner, 1992. Tradução da autora.

Página 35. Idem, op. cit. Tradução da autora.

O sanduíche de rosbife de John Keats

Página 44. Keats, John. *Life, Letters and Literary Remains*. Londres, 1848. Disponível em: <https://archive.org/details/lifelettersliter00keat>. Acesso em: 30 de agosto de 2016. Tradução da autora.

Página 44. Idem, op. cit. Tradução da autora.
Página 45. Idem, op. cit. Tradução da autora.
Página 45. Idem, op. cit. Tradução da autora.

Os cookies de *O diário de Anne Frank*

Página 60. Frank, Otto H. e Pressler, Mirjam. *O diário de Anne Frank*, 47ª ed. Trad. Alves Calado. Rio de Janeiro: Record, 2015.

Refeições para discutir uma boa obra

Página 63. Woolf, Virginia. *Um teto todo seu*. Trad. Bia Nunes de Sousa. São Paulo: Tordesilhas, 2014.

O ragu de *Orgulho e preconceito*, de Jane Austen

Página 65. Gaskell, Elizabeth. *The Life of Charlotte Brontë*. Londres: Smith, Elder & Co., 1857. Tradução da autora.

Créditos das citações

O boeuf bourguignon de *Julie & Julia*, de Julie Powell

Página 68. Parsons, Russ. "Julie, Julia and Me: Now It Can be Told", *LA Times*. Los Angeles, agosto de 2009. Disponível em: <http://articles.latimes.com/2009/aug/12/food/fo-calcook12>. Acesso em: 26 de novembro de 2014. Tradução da autora.

Página 68. Powell, Julie. *Julie & Julia*. Trad. Alice França. Rio de Janeiro: Record, 2009.

O boeuf en daube de *Ao farol*, de Virginia Woolf

Página 71. Woolf, Virginia. *To the Lighthouse*. Boston: Houghton Mifflin Harcourt, 1989. Tradução da autora.

Página 71. Batchelor, John. *Virginia Woolf: The Major Novels*. Cambrigde: Cambrigde University Press, 1991. Tradução da autora.

Página 72. Barzini, Stefania Aphel. *A cozinha das escritoras: sabores, memórias e receitas de dez grandes autoras*. São Paulo: Benvirá, 2013.

Página 72. Idem, op. cit.

O nhoque de *A irmandade da uva*, de John Fante

Página 83. Fante, John. *A irmandade da uva*. Trad. Roberto Muggiati. Rio de Janeiro: José Olympio, 2013.

O frango assado de *Drácula*, de Bram Stoker

Página 86. Doyle, Arthur Conan. *Vampire Stories*. Nova York: Skyhorse Publishing, 2009. Tradução da autora.

O bufrito de *Quem é você, Alasca?*, de John Green

Página 92. Green, John. *Quem é você, Alasca?*. Trad. Edmundo Barreiros. Rio de Janeiro: Intrínseca, 2015.

Páginas 92 e 93. Idem, op. cit.

A berinjela recheada de *O amor nos tempos do cólera*, de Gabriel García Márquez

Página 95. Márquez, Gabriel Garcia. *O amor nos tempos do cólera*, 37ª ed. Trad. Alves Callado. Rio de Janeiro: Record, 2011.

A bacalhoada de *O primo Basílio*, de Eça de Queirós

Páginas 101 e 102. Queirós, Eça de. *O primo Basílio*. Rio de Janeiro: Edições BestBolso, 2008.

A sopa azul de *O diário de Bridget Jones*, de Helen Fielding

Página 104. Fielding, Helen. *O diário de Bridget Jones*. Trad. Beatriz Horta. Rio de Janeiro: Edições BestBolso.

Página 104. Idem, op. cit.

A sopa de ervilha de *As bruxas*, de Roald Dahl

Página 107. Dahl, Roald. *As bruxas*, 5ª ed. Trad. Jefferson Luiz Camargo. São Paulo: Editora wmf Martins Fontes, 2015.

Doce leitura: o açúcar escondido em nossos livros favoritos

Página 111. Doran, Kate. *Homemade Memories: Childhood Treats with a Twist*. Londres: Hachette UK, 2015. Tradução da autora.

A torta de maçã com sorvete de *Na estrada*, de Jack Kerouac

Página 132. Kerouac, Jack. *On the Road — Pé na estrada*. Trad. Eduardo Bueno. Porto Alegre: L&PM, 2004.

Página 133. _____. *Desolation Angels*. Londres: Penguin Books, 2012. Tradução da autora.

O clafoutis de Simone de Beauvoir

Página 137. Barzini, Stefania Aphel. *A cozinha das escritoras: sabores, memórias e receitas de dez grandes autoras*. São Paulo: Benvirá, 2013

O bolo de coco de Emily Dickinson

Página 144. "Emily Dickinson and Cooking". Disponível em: <https://www.emilydickinsonmuseum.org/cooking>. Acesso em: 30 de agosto de 2016. Tradução da autora.

Capitu vem para o jantar

Comidinhas com gosto de infância

Página 151. DAHL, Roald. *A fantástica fábrica de chocolate*, 2ª ed. Trad. Dulce H. Vainer. São Paulo: Martins Fontes, 1998, p. 72.

O chocolate quente de *A fantástica fábrica de chocolate*, de Roald Dahl

Página 153. Idem, op. cit, p. 71.

O cupcake Coma-me de *Alice no País das Maravilhas*, de Lewis Carroll

Página 164. CARROL, Lewis. *The Complete Illustrated Works of Lewis Carroll*. Ware: Wordsworth Special Editions, 1998. Tradução da autora.

Drinques da literatura

Página 183. AMADO, Jorge. *Dona Flor e seus dois maridos*. São Paulo: Companhia das Letras, 2008.

O screwdriver de Truman Capote

Página 184. KREBS, Albin. "Truman Capote Is Dead at 59; Novelist of Style and Clarity". Disponível em: <https://www.nytimes.com/books/97/12/28/home/capote-obit.html> . Acesso em: 30 de agosto de 2016. Tradução da autora.

A margarita de Jack Kerouac

Página 188. KATES, Steven. *The Quotable Drunkard: Words of Wit, Wisdom, and Philosophy From the Bottom of the Glass*. Nova York: Adams Media, 2011. Tradução da autora.

Página 188. CHARTERS, Ann. *Jack Kerouac Selected Letters*. Nova York: Viking USA, 2009. Tradução da autora.

O mojito de Ernest Hemingway

Página 190. BORETH, Craig. *The Hemingway Cookbook*. Chicago: Chicago Review Press, 2012. Tradução da autora.

Página 190. HEMINGWAY, Ernest. *Adeus às armas*. Trad. Monteiro Lobato. Rio de Janeiro: Bertrand Brasil, 2013.

Página 190. GREENE, Philip. *To Have and Have Another: a Hemingway Cocktail Companion*. Nova York: TarcherPerigee, 2012. Tradução da autora.

O boilermaker de Charles Bukowski

Página 192. BUKOWSKI, Charles. *Women*. Nova York: Harper Collins, 2014. Tradução da autora.

Página 192. _____. "Como ser um grande escritor", in *O amor é um cão dos diabos*. Trad. Pedro Gonzaga. Porto Alegre: L&PM, 2010

Página 192. _____. *Ham on Rye*. Nova York: Harper Collins, 2014. Tradução da autora.

Página 192. _____. *Factotum*. Nova York: Harper Collins, 2002. Tradução da autora.

Página 193. _____. *You Get So Alone at Times that It Just Makes Sense*. Santa Rosa: Black Sparrow Press, 1986. Tradução da autora.

O whiskey sour de Dorothy Parker

Página 194. PARKER, Dorothy. "Suicídio", in George Baxt, *Um caso de polícia para Dorothy Parker*. Trad. Eneida Vieira Santos. Rio de Janeiro: José Olympio, 1995.

O vesper martíni de *Casino Royale*, de Ian Fleming

Página 196. FLEMING, Ian. *Casino Royale*. Trad. Sylvio Gonçales. Rio de Janeiro: Edições BestBolso, 2012.

O mint julep de *O grande Gatsby*, de F. Scott Fitzgerald

Página 198. FITZGERALD, F. Scott. *O grande Gatsby*, 6ª ed. Trad. Roberto Muggiati. Rio de Janeiro: Record 2013.

O ponche fumegante de "Um conto de Natal", de Charles Dickens

Página 202. DICKENS, Charles. *Oliver Twist*. Trad. Machado de Assis e Ricardo Lísias. São Paulo: Hedra, 2013

OBRIGADA!

Quando o Capitu Vem para o Jantar nasceu, muitas pessoas me apoiaram.

Agradeço em primeiro lugar à minha família. Manoel, Judith, Elza e Henrique, foram vocês que aguentaram os meus surtos quando uma torta queimou, o bolo não cresceu ou a receita ficou sem sal. Por outro lado, nunca vou esquecer o incentivo que recebi quando alguns pratos saíram mais do que perfeitos.

Em seguida eu preciso falar, é claro, dos amigos. Aqueles que se prontificaram a experimentar as comidinhas que eu preparava. Peço desculpas sinceras por todas as vezes em que a massa da torta ficou dura ou o doce estava sem açúcar.

Eu não poderia ter continuado se não fosse a opinião certeira de todos vocês: Cris, Bruna, Carol, Naty, Kaira, Bia, May, Carol Mazzi, Ju, Cida, Amanda, Mônica, Camila, Natasha, Hugo, Taka, Digas, Guilas, Filho, Marcel, Thiago, GG, Allan, Eric, Grazi, Everton, Guilherme, tio Francis, David, Nat e Marcio.

Minha amiga Heloísa, que emprestou seu talento em ilustração para que o blog Capitu fosse lindo: só posso desejar para a gente mais e mais projetos. Juntas, é claro.

Por toda a inspiração, sou eternamente grata àquelas que me acudiram com dicas e receitas: Fátima, tia Neide, tia Cris e vó Maria.

Agradeço também, com todo o amor do mundo, a todos os leitores do Capitu, que acompanharam as minhas peripécias na cozinha e me socorreram com discussões, sugestões de receitas, críticas ou elogios.

Da Verus Editora, não posso deixar de agradecer ao Thiago Mlaker, pelo cuidado ao transformar o Capitu neste livro lindo, e à Michelle Lopes, a primeira a ver o meu blog com outros olhos. E, claro, a todos que trabalharam para que este livro se tornasse realidade. Muito obrigada!

A todos que não foram mencionados, mas que fizeram uma delícia ainda maior da aventura de cozinhar as receitas da literatura, mil vezes obrigada.

Por último, mas não menos importante, sou grata a Machado de Assis, que, sabe-se lá por quê, decidiu colocar a bendita cocada em *Dom Casmurro*.